日本橋
木屋

日本橋 木屋 ごはんと暮らしの道具

二十四節氣料理道具生活帖

木屋——監修　葉韋利——譯

contents

前言

編輯部

有個朋友在結婚後因為換工作而離職，同部門的同事送了一把木屋的鋼製牛刀當作禮物給她。據說大家挑選這把木屋的刀送她，一來是因為她剛結婚，送她一把最高級的刀，讓她在廚房裡大展身手。再者也祝福她在新的工作上開展出好運，開拓一條新的道路。

過了十年，她仍非常珍惜與愛用這把刀。蘊含著多重意義的這把刀，不但是「方便好用的工具」，更讓她覺得像是「創造活力的護身符」，有股深厚的信賴。

自昭和三十年代（一九五五、六〇年代）以來，日本傳統的道具已經逐漸從一般家庭中銷聲匿跡。然而，這也不過是近期幾十年的事而已。

日本人過去使用的傳統工具，長達千年以上的歷史。這些經過長期歲月仍流傳的工具，使用的木材、土

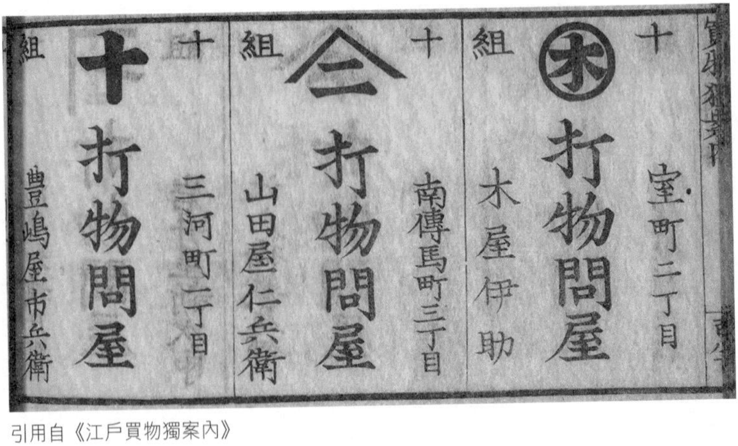

引用自《江戶買物獨案內》

壤、金屬、技術，各有適當的理由。人們在使用這些器具時祈求身體健康、招財納福，同時慶祝四季各項節慶活動，伴隨著年紀增長。

人們長久以來使用的器物，在某個關鍵時刻會成為一股強韌的力量。不妨在環繞著現代方便道具中，挑選一件傳統的日本道具加入日常生活。這本書介紹的就是老字號木屋精選出的傳統好工具。

原本販賣刀具的木屋，創業於寛政四年（一七九二），除了刀具及木工用具之外，也販賣各種大大小小生活道具。第一代加藤伊助後來開了分店，成為批發商，經營本店木屋所沒有的金屬器具。

回溯到木屋的總本家，是創立於天正元年（一五七一）的大阪藥材商。由於受到德川家康的招募，當家的弟弟搬遷至日本橋本町三丁目，開了一家專營塗物、漆器的商店，成了木屋的江戶本家。

開枝散葉的各家木屋分店經營的項目包括三味線、

位於三越本店隔壁的木屋。拍攝於昭和二十六（一九五一）年左右。後來隨著三越擴建，搬遷到室町一丁目。

關東大地震後完工，在第二次大戰末期因強制疏散甚至被摧毀的木屋。拍攝於昭和五年（一九三〇）左右。只有正面是紅磚材質的三層樓建築。

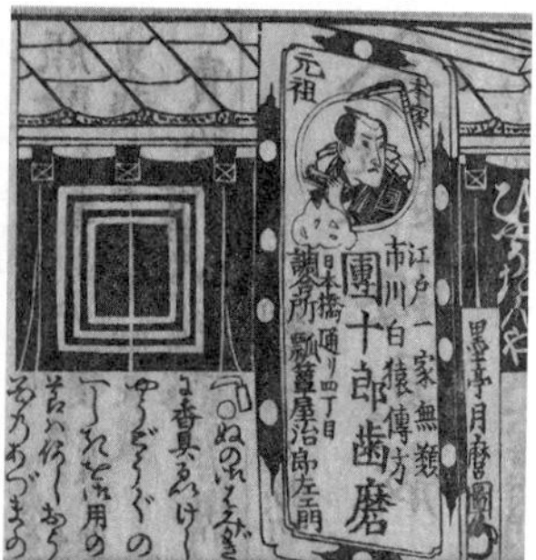

江戶時期還有瓢簞屋的「團十郎齒磨（牙膏）」這項商品。

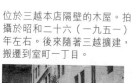

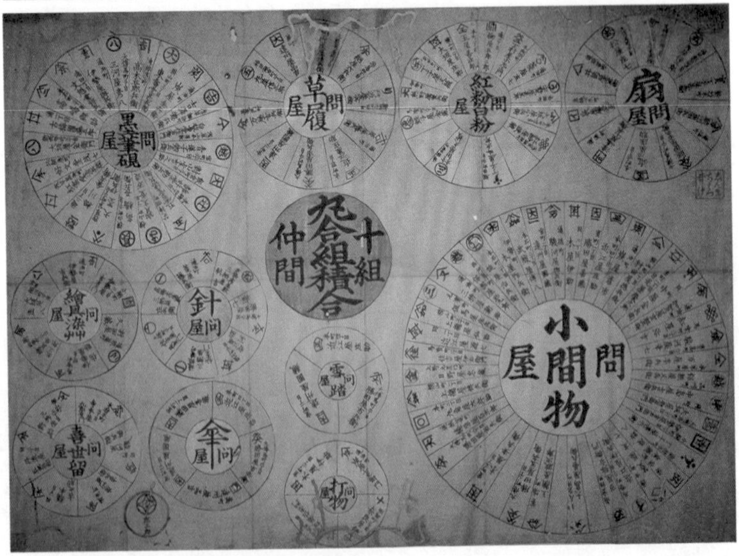

上）引用自〈熙代勝覽〉。這幅畫軸是俯瞰今川橋（千代田區鍛冶町）到日本橋這段大馬路上的景致。右側的店家就是刀具木屋。

下）三井文庫收藏的十組批發商之圖。刀具木屋在創業當時就購買了江戶十組批發商的股票。一群有力的商人結盟，並且安排往返於大坂的輸送貨物的「菱垣迴船」。中央下的金屬器具批發商中也有木屋的名字在內。

化妝品、象牙等，琳瑯滿目，全盛時期甚至占了日本橋室町二丁目、三丁目的半條街，據說還有人說「室町到處都看得到木屋的深藍色門簾」。

在〈熙代勝覽〉這幅畫軸中看得到文化二年（一八〇五）時期的木屋。這幅畫軸現在收藏於德國柏林東洋美術館，但地下鐵三越前站的地下通道也展示了複製品。

從木屋與市川團十郎的關係，就能知道歷史有多悠久。木屋裡最高級的菜刀、刨刀、剪刀，都取「團十郎」這個系列名稱。木屋的購物袋上印的三升圖案，也是市川團十郎的專屬紋樣。在江戶末年～明治時期，為了呼應當紅歌舞伎演員第九代市川團十郎而首次推出了菜刀。

第十二代市川團十郎在三越劇場演出新派的《日本橋》（泉鏡花作品）時，據說木屋送了菜刀給喜愛做菜的團十郎當作紀念。但後來發現原來團十郎是左撇子，後來又趕緊再送了一把左撇子專用的菜刀給他。

就像團十郎這個系列的命名一樣，木屋從過去就有

木屋購物袋上印製的三升圖案

昭和六十年（一九八五）左右的木屋。在同一棟大樓裡還有「永藤」這間老餐廳。這家餐廳現在成了太郎書房。

納入新觀念的風氣。像是注意到「rugby（橄欖球）」、「hat（帽子）」等新的詞彙登錄為系列商標，就是個例子。此外，刮鬍刀、柴魚刨片器、攜帶型指甲剪的普及，木屋也扮演了重要的推手角色。

此外，在戰後開發不銹鋼菜刀上，木屋也投入不少心力，有助於一掃過去眾人「不銹鋼刀＝不好切」的印象。一般大眾逐漸了解到，不銹鋼材質的菜刀也很好用，還能靠磨刀來培養出個人喜好的手感。時至今日，木屋仍持續引進德國雙人牌的剪刀、PEUGEOT的研磨器、Adler的剪刀、MERKUR的刮鬍刀，以及Staub和Le Creuset的鍋具，讓這些世界一流的工具迅速地在日本普及。

編輯部為了本書，花了將近一年時間採訪木屋總務企劃部部長石田克由先生。石田先生於昭和二十年（一九四五）出生於日本神奈川縣，昭和四十四年（一九六九）進入木屋任職。他的工作內容包括業務與商品開發，從北海道到九州全國走透透，目前還在各大學的公

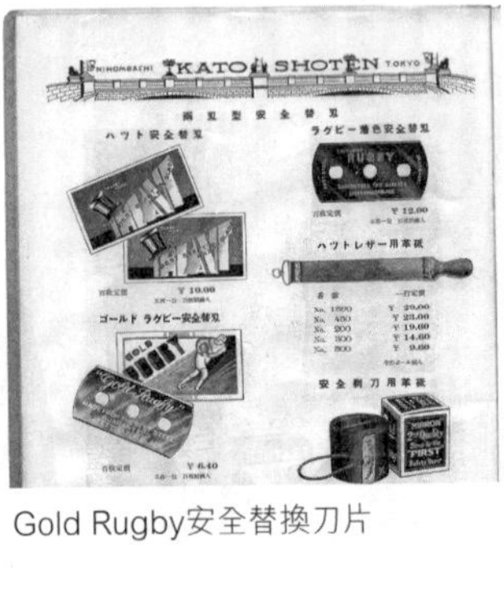

Gold Rugby安全替換刀片

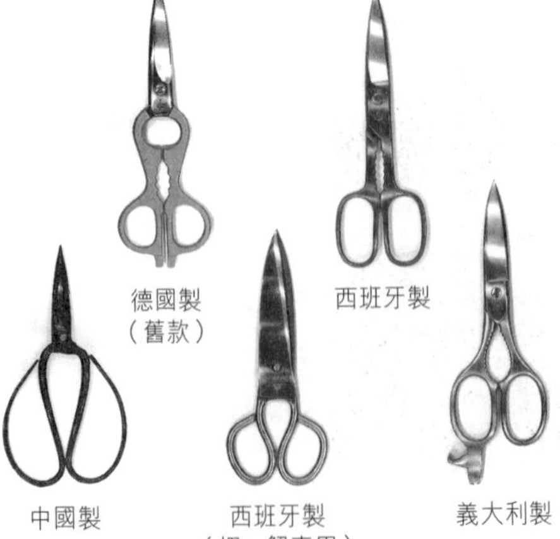

東京奧運時期會長在全球收集到的剪刀

開講座與文化中心進行各類演講，主題多半是菜刀的歷史與各種食材的搭配使用，以及正確的磨刀方法等。

編輯部請教石田先生，對他來說工具究竟是什麼？他這麼說。「工具是先人以長期建立的生活中培養的知識，加以進化而成。尤其以菜刀為例，日本的菜刀具備全球少見的特殊造型與構造。

四面環海的島國日本，自古以來就以魚貝海鮮類為主食。為了讓魚嚐起來更美味，使用的是用單片刃，且由鋼材與軟鐵組合，可以將切割手感發揮到淋漓盡致又好研磨的菜刀，直至今日。

包括日式菜刀在內，很多藉由日本傳統、老技術製造、使用的生活工具，在戰後似乎逐漸式微。想要妥善運用以鐵、木、竹、陶瓷等素材製造的精良器具，該怎麼做才好呢？使用者必須有因應的知識與智慧。我希望能讓大家回想起戰前日本人視為理所當然的工具，以及了解該怎麼去使用，妥善使用這些美好的日本器具。」

木屋型錄昭和十三年（一九三八）版

木屋型錄大正十四年（一九二五）一月版

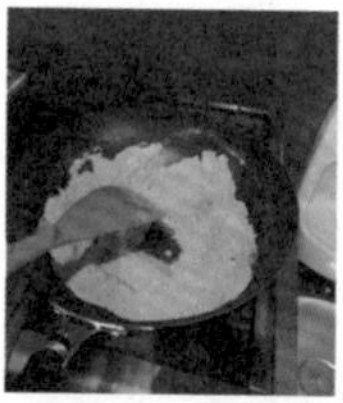

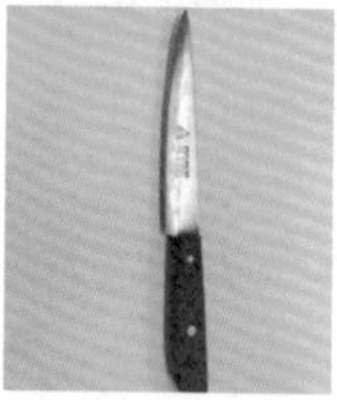

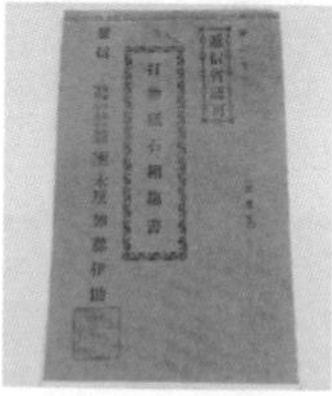
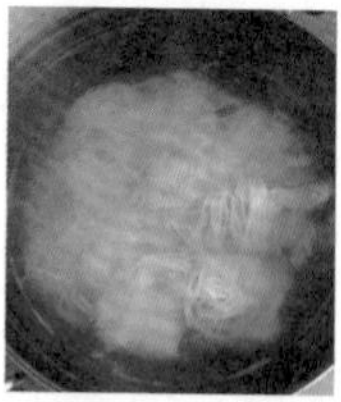

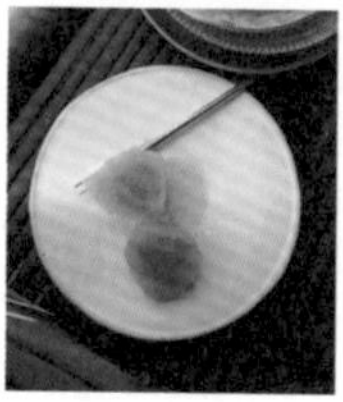

向多位平常親手做菜，並愛用木屋產品的消費者
商借各項道具製作本書

四月

二十四節氣中，
四月上旬是「清明」。
萬物充滿活力，空氣清新。
陽光燦爛，
所有植物紛紛冒出新芽。

下旬叫做「穀雨」，
是降下春雨讓穀物生長的季節。

四月是適合展開新生活的季節。
準備好新的工具，
一起重新出發！

菜切刀（切菜刀）

過去日本最常見的經典款，最適合用來切蔬菜。由此可清楚了解，以前大家平常就攝取了很多的蔬菜。

磨泥板

用銅質磨泥板磨出的食物泥最好吃。江戶時代的百科事典《和漢三才圖會》（一七一二年）中也記載了磨泥板「要用銅來製作」。

菜切刀
唸作「Nakkiribouchο」

菜切刀，是日式菜刀中的經典款，也是過去日本最常使用的一種菜刀。在設計上用來切菜最方便。

日文發音是「なっきりぼうちょう」，唸作「Nakkiribouchο」。日式菜刀幾乎都是刀刃內外形狀不同的「片刃」，切起來的手感多半俐落而纖細。但菜切刀卻是刀刃雙面都研磨過的「諸刃」，刀刃較寬且穩定，很適合用力切像是南瓜、白菜這些體積較大的蔬菜。

此外，由於刀刃水平，沒有刀鋒，在切蘿蔔絲，或是將醃蘿蔔、小黃瓜迅速切圓片時也能發揮。

以昭和三十八年（一九六三）為背景的吉卜力動畫《來自紅花坂》（二〇一一年上映）之中，主角海就用菜切刀切高麗菜絲，搭配火腿蛋跟味噌湯，做了一頓美味早餐。

提到要切卻沒切斷的醃菜，是不是讓大家想到《海螺小姐》這部漫畫呢？在第11集（朝日文庫第135頁）中，有一幕就是海螺小姐到廚房幫忙，結果上桌的醃菜沒切斷。

長谷川町子美術館

銅製磨泥板用起來食物最美味，而且能用一輩子

四月，是「初鰹」開始上市的季節。

初鰹可以佐上大量的薑、大蒜、蘿蔔一起吃。這些磨成泥的佐料裡，含有許多能調整體質的酵素。

此外，磨泥板請選用銅質產品。

用銅質磨泥板磨出的食物泥最美味。

因為銅的質地比較軟，師傅可以用手工打造出磨齒，由於是手工製造，磨齒不會完全一致，這就是美味的原因所在。不過，只有山葵磨泥時要用鯊魚皮或陶瓷材質的磨泥板（見第148頁）。

磨蘿蔔用表面較粗的磨齒，薑及大蒜則用背面較細的磨齒來磨。

磨泥板用個十年～二十年後，磨齒會變得不利。如果是銅製品，還可以送回給師傅重新打一次磨齒。一只磨泥板可以重打兩～三次。

也就是說，到木屋或其他能為顧客重打磨齒的刀具店購買的話，磨泥板等於「能用一輩子」。

引用自《守貞漫稿》

初鰹，是每個季節第一批時令食材（也就是「初物」）的代表。在江戶時期，因為「初物」的價格太高，當局甚至還發出「初物禁止令」。可見日本人多麼喜歡在季節初始嚐鮮。

曲輪漆器便當盒

木屋的便當盒使用的是樹齡超過兩百年的木曾檜木來製作。用這麼高齡的木材來製作的生活用具，現在也愈來愈少了。

田樂串

江戶時期的田樂種類多采多姿。使用山椒嫩芽味噌的豆腐田樂，展現春天氣息，直到現代依舊廣受歡迎。

令人再次對木質便當盒另眼相看

便當盒的材質有很多種，可以是塑膠或是不銹鋼，但木質便當盒之所以再次受到矚目，自然有它的優點。

就像木屋使用樹齡超過兩百年的檜木來製作便當盒，這類以成長數百年的木材來製作的便當盒，木材中大量累積了具備耐水效果的油脂，可以放心盛裝食物。

此外，由於天然木材的透氣性良好，相較於其他材質，盛裝的飯菜也不容易腐壞。

更棒的是，拿起來很輕。

好東西雖然價格稍微高一點，但手工打造的木質便當盒，如果天然漆剝落的話，還可以重新上一次，曲輪或山櫻皮的零件壞損也能修復。好好珍惜使用，同樣「可以用上一輩子」。

木屋的便當盒蓋子本身和側板是檜木材質，蓋子的上板跟盒子主體的底板則是日本花柏。日本花柏的特性是耐水，且沒有氣味，經常用來製作盛裝食物的器具。

預告春天降臨的山椒嫩芽田樂

現在幾乎沒什麼機會吃田樂（譯註：正式名稱叫做「味噌田樂」的一種料理。使用各種食材串起後塗上調了味醂、砂糖並添加山椒嫩芽或柚子香氣的味噌燒烤）了，但過去田樂是非常受歡迎的一道菜，使用的食材從豆腐、蒟蒻、茄子、小芋頭到鮮魚，包羅萬象。

為什麼田樂這麼受歡迎？因為是它就跟壽司、天婦羅、蕎麥麵一樣，這種簡單拿起一串來吃的小攤料理，正是速食的一種。其中令人感受到春天氣息的，就是在味噌醬中添加山椒嫩芽的田樂，直到今日仍受到許多人喜愛。

山椒嫩芽田樂的發源店是京都的二軒茶屋。出現在江戶的是模仿二軒茶屋的店家。不過，京阪風是以分叉成兩股的串籤兩根穿過豆腐，而江戶風則是只用一根串籤，且串籤並無分叉成兩股。

山椒嫩芽味噌口味的田樂，也是賞花時很受歡迎的一道食物。用青竹製成的木屋田樂串，在視覺上也可以感受到清爽的春意。

味噌醬也有京阪風與江戶風的區別。使用白味噌，磨入山椒嫩芽的是京阪風；使用紅味噌，將山椒嫩芽鋪在上方的則是江戶風。京都的二軒茶屋至今仍能吃到京阪風山椒嫩芽味噌田樂。

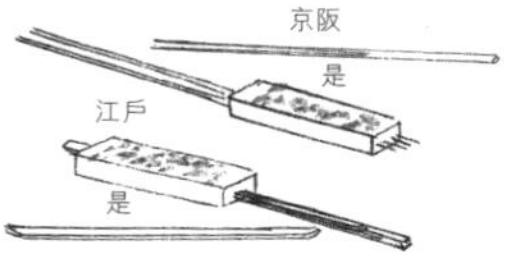

引用自《守貞漫稿》

烤網

用烤網烤吐司比用烤麵包機還來得快，而且烤起來外表酥脆，內層有彈性，烤痕也特別美，看了就覺得好吃。

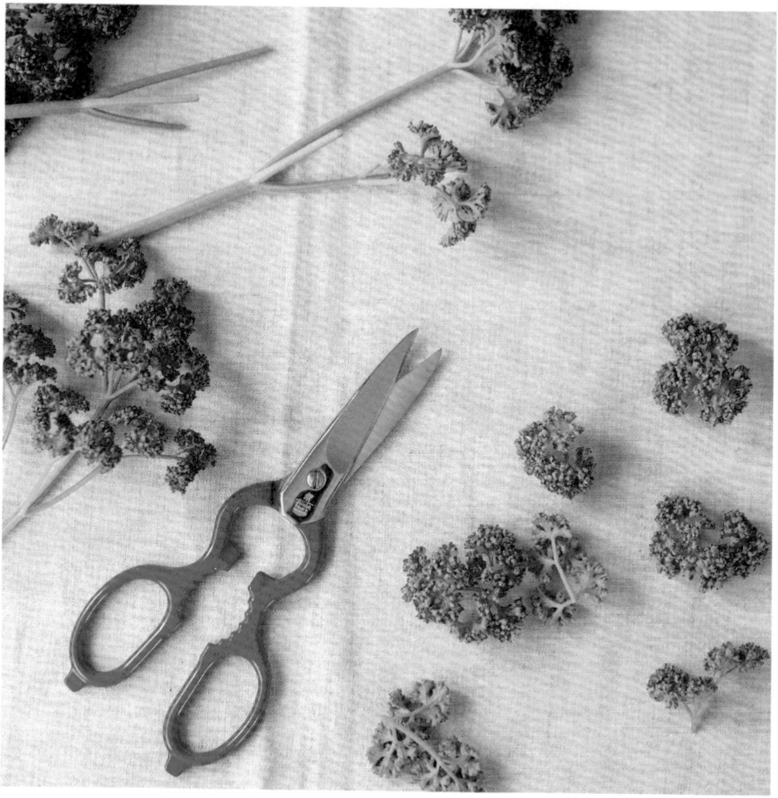

雙人牌的廚房剪刀

世界頂尖品牌的廚房剪刀。木屋在昭和三十五年（一九六〇）首次於全日本引進雙人牌的廚房剪刀。

烤網製作，沒人比得上大阪．京都的師傅

烤網因為是直接放在爐火上用，非常容易損壞。使用手工細心製作的烤網，才能用得久。

而且，製作烤網，沒人比得上大阪．京都的師傅。

關西地區有非常多烤網品牌，都是由技術精湛的師傅手工打造。木屋的烤網也是由大阪手藝高超的師傅手工製作而成。

悉心製作的烤網，看外框和網子的連接處就一目了然。購買時要挑選以手工筆直折出的美麗弧度，並且編織得穩固紮實的產品。

製作得潦草的產品，連接處是隨便熔接而成，一旦直接放在爐火上加熱，這部分很容易壞掉。

看似不起眼的小小日用品，但是否能使用的長久，端看是否為手工打造，會有很明顯的差異。

烤網上也可以放了耐熱的杯子加熱。要加熱少量的飲料或湯品時，不用微波爐而改用烤網，比想像中方便很多。只是要記得在下方鋪一塊陶瓷板，避免杯器直接接觸到爐火。

因為大阪萬國博覽會，讓日本家家戶戶少不了廚房剪刀！

「做菜會用剪刀嗎？」過去日本人都會這麼想。但從昭和四十五年（一九七〇）的大阪萬國博覽會之後，廚房剪刀就逐漸普及。博覽會裡德國館銷售雙人牌廚房剪刀的攤位（日本的代理商就是木屋），造成了空前的盛況。

當時廚房剪刀屬於高級的生活用品。

為了紀念這次大熱賣，聽說木屋的全體員工都收到了一把雙人牌的廚房剪刀當作禮物。

雙人牌（正式名稱為Zwilling J.A. Henckels）是德國索林根（Solingen）一間自一七三一年創業的老字號。打從一九三八年推出廚房剪刀，一直以世界頂級品牌受到消費者喜愛，並有引以為傲的優良品質。極具功能的造型，自推出以來從來沒有改變過。

在大阪萬國博覽會上，其他還有像是從保加利亞館分到菌株，由明治乳業推出的優格，以及世界首次以自動販賣機銷售的UCC罐裝咖啡等，誕生了多項暢銷商品。

如何區分與使用各種筷子

筷子又稱「箸」，日本有各種不同用途的筷子，像是天削、利久、柳箸、竹箸、元祿、小判……大家都懂得怎麼區分使用嗎？應該有很多人都不知道吧。在日本，筷子也是祭神時使用的器具，愈是恭敬的場合，愈重視神聖與潔淨的性質。平常使用的筷子，為了不沾染上汙漬，大多表面會上漆。其他還有使用象牙、黑檀、黃楊等高級材質製作，不過，要記得，習俗上這些重複使用的筷子拿出來待客是很失禮的。這就是為什麼就連在小吃店也會使用拋棄式的免洗筷，因為給顧客用的一定要是全新的筷子。

有貴賓時可以拿出來的免洗筷

天削箸

筷子的上方削成銳利的角度，被視為免洗筷中最高級的種類，即使招待最重要的貴賓也不失禮。仿照神社「千木」（譯註：大殿屋頂兩側交叉突起的部分）的外型，跟利久箸與祝箸這類「兩口箸」一樣，一側是給人用的，一側是神明用的，具有「神人共食」的意義。

利久箸

也是免洗筷中的高級品，只是外型成梳狀，又稱「利久形」。具體來說就是稍微扁平，中間略粗，兩端收細的「兩口箸」，表面修整得平滑。這款免洗筷是以茶道宗師千利休構思出的「卵中」為基礎再改良。用來招待重要貴賓也一樣不失禮。

利久箸（卯中）

在品茶時使用，或招待重要貴賓的場合

木屋的利久箸使用的材質是魚鱗雲杉（日本叫做「蝦夷松」）。魚鱗雲杉沒有太重的氣味，又有日本人喜愛的色澤，自古就常用來製作祭神的各種用具。不僅用於茶道或懷石料理，也可以用來招待貴賓。為了不讓食物沾在筷子上，建議使用前可以先將筷子泡水，擦乾水分後再拿出來用。

祝箸

正月或節日時使用

使用的是末端岔開成「八」字，取這個好兆頭的柳木白材筷子。柳樹是入春後最先發芽的植物，加上材質堅固不容易折斷，潔淨的白色質地據說有驅邪的效果。這是用在喜慶場合上正式的筷子。兩側收細的「兩口箸」，中間略粗，是「俵箸」的特色。詳見第160頁。

元祿箸

自家或吃便當時使用的簡便筷子

兩根筷子中間有明顯的淺溝，手持的一側跟使用的另一側四個角磨平的元祿箸，屬於中極品。如果拿出來招待重要貴賓，會被視為失禮。平常自己家裡使用，或是吃便當用的話都沒問題。再低一個等級的，就是只有磨平直角卻沒有中溝的「小判」，或是留下四個直角只有中溝的「丁六」。

竹箸

在品茶時用來分配食物

在品茶及品嚐懷石料理的場合要分配食物時使用。竹子材質的筷子不容易滑動，加上質地輕巧又好用，設計上極有品味。不限於茶、懷石料理這類日式風格濃厚的場合，也可運用在一般招待賓客的餐桌上。竹箸其實還能根據禮儀或料理種類，分成青竹、白竹、箸等不同型態，學問更大了。

五月

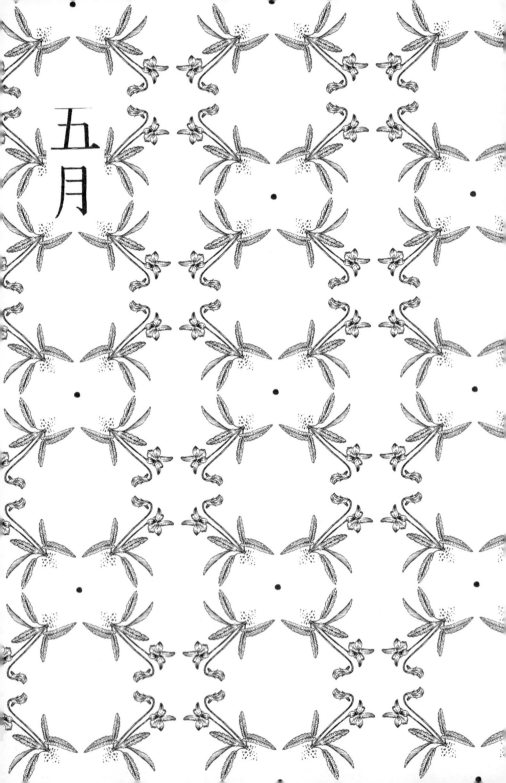

度過嚴峻的寒冬，在春天溫暖的氣候下成長的食材，於「香氣」和「苦味」中展現滿滿的活力。

一年僅在此刻才能品嚐的新茶，也令人期待。

此外，這也是日本民眾出門旅行，及各項祭典的旺季。

「立夏」、「小滿」這些節氣，自古至今都代表五月是個進入夏季充滿活力、令人振奮的季節。

常滑燒茶壺

挑選茶壺的訣竅就在於不要太貪心選大的茶壺。最理想的大小是一次只沖泡要喝的量。因為小茶壺泡出來的茶比較好喝。

親子鍋

迎接春季到來的時令食材——鴨兒芹與雞蛋，能充分享受兩者完美搭配的就是親子蓋飯。這道誕生於明治時期的菜色，發明者眾說紛紜。此外，用來做親子蓋飯的親子鍋，也不確定是誰發明的。

麥森與皇家哥本哈根也比不上！常滑燒傳承的優點

木屋對常滑燒的茶壺非常講究。常滑燒的土質顆粒較細，能夠容易塑造出想要的外型，加上具有黏性，也能製作成細孔隙的濾茶網。因為有這麼優質的土壤，常滑自古就傳承了精湛的技術，無論號稱多高級的麥森及皇家哥本哈根也比不上。例如，仔細研磨壺蓋的「蓋摺」技法。運用這項技法，讓壺蓋蓋上時與壺身密合，成為密閉狀態，即使把茶壺顛倒，茶水也不會滲出。

此外，倒茶時也不會從茶嘴測漏。濾茶網部分令人驚訝的細緻，也是常滑高資陶苑相傳的精湛技術。

沒有上釉的常滑燒茶壺，使用得愈久，光澤變得愈深，茶香與茶葉成分附著在陶土上，據說還有去除雜味的功能。茶壺的價值之一，就在於養壺的樂趣。

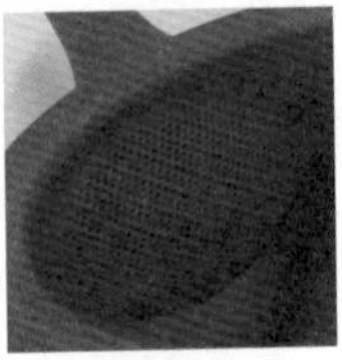

濾茶網部分

班奈迪克・康柏拜區（Benedict Cumberbatch）主演的熱門影集《新世紀福爾摩斯》（SHERLOCK）第一季第二集「銀行家之死」之中，也出現了愈使用愈有風韻，泡的茶愈好喝的茶壺。具有超過四百年以上歷史的茶壺，掌握了破案關鍵。

鴨兒芹是三春的季節語，代表結緣好兆頭的食材

鴨兒芹又稱三葉芹，產季從三月到初夏。俳句中也以鴨兒芹作為三春（二月到五月）的季節語。這是少數原產於日本的蔬菜。將一根鴨兒芹迅速汆燙，折成一半再打個結，就叫做「三葉芹之結」。大家知道嗎？包括雜煮（年糕湯），以及喜慶筵席上的湯品，都習慣放上三葉芹之結來裝飾。

作法簡單，大家都會，而且還代表「結緣」的好兆頭，是討吉利的裝飾。

很適合搭配鴨兒芹的雞蛋，也是春天的時令食材。要用時令的雞蛋跟鴨兒芹做親子蓋飯，最推薦能將雞蛋完美控制到半熟的親子鍋。

親子蓋飯的作法，是在加熱的高湯中加入冷的雞肉、洋蔥、蛋液等材料，因此鍋子的材質要挑能夠迅速、均勻受熱的鋁或銅最理想。

根三葉芹散發野生風味。白三葉芹的莖呈白色，帶著高雅風味，通常在新年使用。綠三葉芹的風味較根三葉芹溫和，質地也柔軟。

引用自《大和本草》

味噌網杓

雖然現在不像過去，製作味噌的黃豆必須用網杓瀝乾，但在一次混用多種味噌，或是清洗少量食材，還是要瀝掉水分時，味噌網杓還是很好用。

竹葉皮

春季賞花時，竹葉皮與飯糰，令人想到國寶級畫家尾形光琳（一六五八～一七一六年）留下的華麗傳說。

味噌網杓是壞兆頭的工具？

有個「篩子店（笊屋）」的落語（譯註：類似單口相聲）段子。一般而言，賣篩子的人在推銷時會喊著「賣篩子～賣味噌杓網～」。但由於在料理時使用味噌杓網的動作會講成「放下味噌網杓」，讓人覺得味噌網杓代表了壞兆頭，為了要討吉利，店家老闆後來就改喊「米撈上來了～用篩子把米撈上來～」結果是在買賣股票的人家，聽了這個叫賣聲非常喜歡，邀了此人到家中。篩子店的人開始不停說著「捲上門簾」、「抬上貨物」、「上野」、「叫上表演的藝人」、「走上到茶屋」等等，開口閉口都加了「上」這個吉祥字，哄得這家買賣股票的主人不停打賞他。江戶時期的百科事典《和漢三才圖會》中，也同時介紹了味噌網杓與米篩子，可見兩者都是自古眾人熟悉的用具。其實味噌網杓也可以放入食材清洗，或用來瀝乾水分，因此只要講成「用味噌網杓撈上來」、「煮熟撈上來」之類，加個「上」字一樣可以成為好兆頭的用具。類似這種用文字遊戲來炒熱氣氛的巧思，真希望能套用在生活之中。

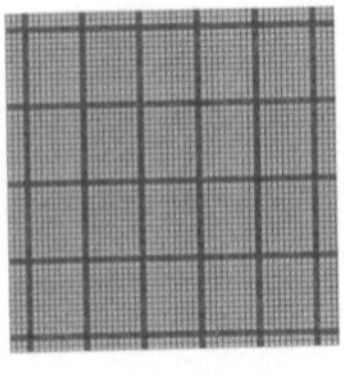

江戶末年流行一種叫做「味噌網杓格子」的圖案。在粗框的大格子裡搭配細框的小格子。因為看起來像是用細竹子編織，再用粗竹條補強的味噌網杓，因而得名。

從飯糰的外型獲得力量

飯糰最早是士兵的食物。到了江戶時期，則經常當作看戲時的便當。配菜則有蒟蒻、燒豆腐、魚板、日式煎蛋捲（出自《守貞漫稿》）。作法跟現在一樣，在手上沾了鹽，再將米飯捏成型。關西地區多捏成小圓柱狀，並在表面撒上黑芝麻；江戶地區則以圓形或三角形為主流，從江戶時期就有做飯糰的木製模型。無論圓柱狀、圓形或三角形，都很適合重要的場合。例如長途旅行，或是重要的外出時刻，帶著象徵吉利的飯糰出門，也能從中獲得力量。

提到竹葉皮與飯糰，創作出《燕子花圖》等作品的尾形光琳，生平有個小故事。相傳一群京都的富商相聚遊嵐山，光琳拿出用竹葉皮包裹的飯糰時，其他人對於這位平時極盡奢華的京都第一富商之子，居然帶了這麼簡陋的便當，無不感到驚訝。沒想到竹葉皮的內側竟有光琳以金箔與銀箔描繪的畫作。據說，光琳在吃完飯糰後，便靜靜將竹葉皮置入河中放水流。

日本料理中「光琳笹」這種器具（在竹葉皮上貼金箔），就是從尾形光琳的便當演變而來。竹葉皮具有防腐效果，還能吸收多餘的溼氣，自古就用來當作包裹食材的材料。《和漢三才圖會》裡也刊載了用竹葉皮包裹的羊羹及外觀的插圖。

羊羹

中出刃刀（魚刀）

五月有和青花魚淵源頗深的各種活動。青花魚、竹莢魚、沙丁魚、鰹魚……，家中只要有一把中出刃刀（魚刀），幾乎所有魚類都能料理。

搥打寸胴鋁鍋

表面的花紋是用鐵鎚搥打出來的痕跡。不但能補強鍋身結構，還能增加表面積，加強導熱效果。這是自古以來日本特有的工藝技法。

五月問候時要吃烤青花魚素麵

青花魚（鯖魚）的產季在秋天，但北大路魯山人曾形容過若狹的春鯖，「油脂的分布恰到好處，令人難抗拒的好滋味」。

在若狹灣附近的滋賀縣湖北地區，在插秧時的農忙時期，有種習俗是出嫁女子的娘家會送烤青花魚到婆家，這叫做「五月問候」。這種春祭或是五月問候等節慶料理，傳承下來就成了烤青花魚和素麵一起用高湯燉煮的「烤青花魚素麵」。

其實，青花魚本來就是象徵吉兆的魚。中元節時日本全國都有餽贈「刺鯖」（將剖開的魚乾兩尾，用竹籤從頭部串在一起）的習俗，在祭典及節慶的宴席上也會吃青花魚壽司。如果家裡經常料理青花魚等各種魚類，建議有一把中出刃刀（魚刀）會非常方便。小至沙丁魚，大到鰹魚、鮭魚，一般在家庭常食用的魚類都能處理。

五月十五日在京都舉辦的葵祭，也會吃青花魚壽司。西元五六七年，因為風災水患造成農作物歉收，疾病流行，為了祈願五穀豐收舉行祭典，葵祭就是因此而來。葵祭是歷史悠久的貴族祭典，在《源氏物語》中也有記載。

引用自《都名所圖會》葵祭的情景

與太鼓圓鍋對抗的寸胴鍋？

「寸胴鍋」，其實就是西洋料理使用的深鍋「STOCKPOT」傳到日本後的名字。「寸胴」的意思，就是生物軀幹從胸到腹部，沒什麼弧度起伏的直筒狀。取了這樣的名字感覺很有意思。

另外，法國的湯鍋「MARMITE」特色就是外型呈現「太鼓腹」的模樣。自明治三十六年（一九〇三）在報知新聞上連載的料理小說《食道樂》，裡頭也刊登了圓圓的西洋湯鍋圖片。

或許因為STOCKPOT的外型看來比MARMITE靈巧，所以才取了「寸胴鍋」這個名字。寸胴鍋的鍋口收窄，裡頭湯汁不容易蒸發，要製作大量高湯、燉煮料理時，像是放入全雞、牛骨，大量蔬菜時也很方便。木屋的寸胴鍋是搥打鋁鍋，表面上有數不清的搥打痕跡補強結構，加上增加表面積，讓鋁鍋原本已經很好的導熱性更加提升。

引用自《食道樂》湯鍋圖

曾有一段時間認為鋁質是導致阿茲海默症的病因，使得鋁鍋也從百貨公司中銷聲匿跡。但目前這個說法已經完全遭到推翻。過去也有人說過銅鍋的銅綠對身體有害，現在也證明沒有害處。各種材質的鍋具都能安心使用。

挑選砧板

挑選砧板的基本原則，就是看木紋跟木色漂亮的。含有耐水效果的油分則與樹木的種類、樹齡有關。至於「硬度」、「復原性」將影響是否容易受損，這也是細菌繁殖的主要因素。還有不會傷到菜刀刀刃的「彈性」。一般家庭使用的話，要挑選長度超過三十公分的尺寸。此外，硬質樹脂材質的砧板不會發霉，也不會因為受損而滋生細菌，方便清潔，但因為不像木材有彈性，缺點就是會縮短菜刀的壽命。站在刀具店的立場，實在無法真心推薦。

過去在日本料理師傅之間據說流傳著一句話，「砧板只限貓」。「咦？貓？」

砧板只限貓!?

相信不少人感到納悶，但其實這裡的貓指的是「貓柳」。然而，因為柳樹很容易混入其他種，現在用最理想的貓柳製作的砧板幾乎已經不存在。

一般市售的砧板之中，以「柾目」也就是木紋劃一，由整片原木製成，不容易變形，品質最佳，但價格非常高。另外，可看到樹木年輪的「板目」，也就是帶有木紋，或是由幾片木板拼合而成，但只要好好挑選一樣可以使用很久。

柾目

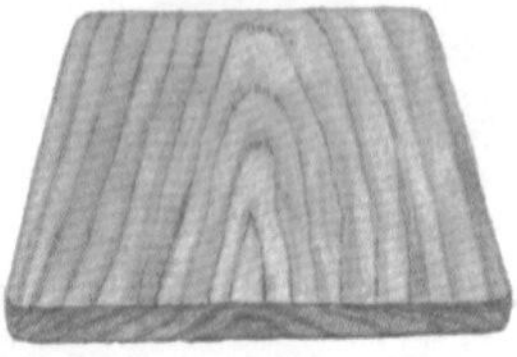

板目

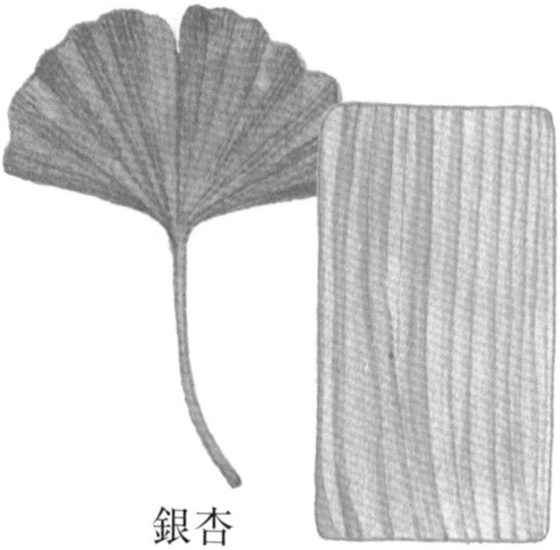

銀杏

木紋、色澤都很美。因為樹型較大，比較容易製作一整片原木的砧板。樹木的氣味是一大特色，但放幾天之後就能去除氣味。由於銀杏富含油分，也具有耐水效果。刀刃切面平均，不容易受損，很好清潔。

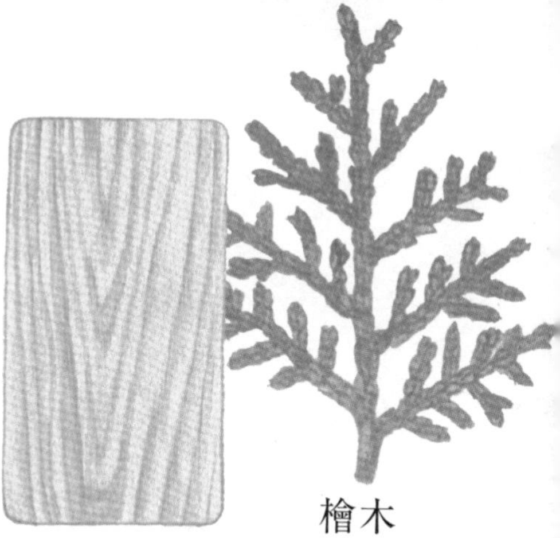

檜木

木紋、色澤都很美。能用來製作成砧板的大小，都是樹齡超過兩百年的檜木，含有具耐水效果的油分，很好清潔。這麼高樹齡的檜木數量並不多，建議趁現在買起來收藏。

日本厚朴

雖然色澤帶點綠，但硬度很適合用來做砧板，不容易受損，可長期清潔使用。料理研究家辰巳濱子在昭和四十年（一九六五）出版的《營養與料理》中寫道，「人家說厚朴木做的砧板很好，我也有一塊大塊的。」

日本花柏

因為能用來製作砧板的檜木愈來愈少，花柏製的砧板逐漸增加。木紋跟色澤都很美，特色是沒有氣味。日本花柏是常用來製作飯桶、盒蓋等用具的木材。優點是有彈性，不會傷到刀刃，而且耐水性強。

六月

梅雨季來臨。菜刀容易生鏽，木製器具容易發霉的季節。

正因為在日常中親手維護保養，對這些器具會更加愛不釋手。

好的工具可以用上好幾十年，陪伴自己一生。清洗方式，收放的訣竅，都要一一學會。

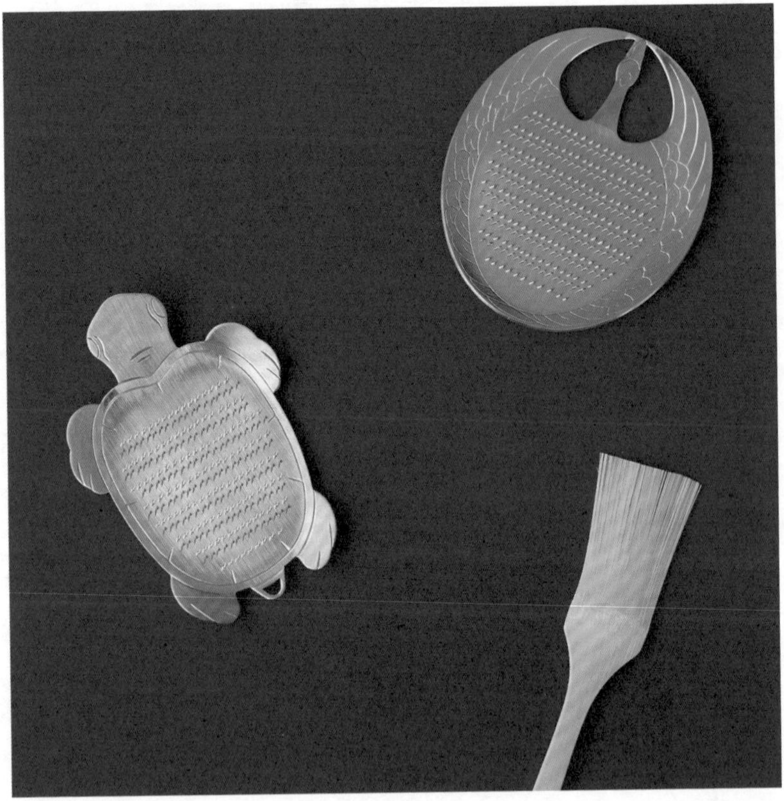

鶴龜的磨泥板

鶴龜自古就是代表吉祥的象徵，歷史悠久。鶴龜磨泥板是由製作木屋銅製磨泥板的大矢製作所設計。

物相型

使用各色食材裝飾後的飯糰，用物相型塑型，就成了像是豪華的小蛋糕。在婚禮或慶生會這裡喜慶的場合，就嘗試使用物相型來為餐桌增添色彩。

致贈白龜當作禮物，六月十六日為嘉祥之日

歐美相傳在六月結婚的新娘會很幸福，稱為「六月新娘」。六月的June，來自羅馬神話的朱諾（Juno）（相當於希臘神話的赫拉＝司掌結婚、母性、貞操的女神）。女性希望能像女神，成為幸福的妻子、母親，但其實赫拉是橫刀奪愛。她燒死丈夫的情婦與私生子，或派出莽蛇、巨人攻擊他們，把他們變成熊……總之是個非常危險的女子。

根據婚禮雜誌《Zexy》在二〇一四年做的調查，日本全國舉行婚禮的月份，第一名是十一月，六月則是第三名。看來六月的傳說在日本也有效。慶祝結婚的賀禮，挑選帶有喜氣的鶴龜磨泥板如何？

六月也有與龜淵源深厚的「嘉祥」各種節慶。西元八四八年，仁明天皇因為接受獻上的白龜慶祝而將年號改為嘉祥，六月十六日，天皇與大臣享用與「十六」有關的美食。這就是「嘉祥食」。後來每到嘉祥日，吃跟「十六」有關的食物這樣的習俗也傳遍全國各地。

「千代田之御表　六月十六日嘉祥之圖」

嘉祥的習俗有很多。「用十六塊糕餅或年糕供神之後食用」、「十六歲的女孩剪去袖子，用嘉祥針法縫好，在盛裝甜餡餅的盤子上開個洞看月亮」等。因為過去的這些習俗，現在六月十六日也成了「和菓子之日」。

因為好吃，所以少量，在食用時特別珍惜

在禪寺裡的午餐，還有將茶道懷石簡化的料理、便當，都稱為「點心」。點心以「物相飯」為主，搭配幾樣小菜。

物相飯，就是用模型塑型的飯糰。

話說回來，禪宗的餐點無論多好吃都不能再續加。由於要讓大家懂得珍惜食物，通常分量也比較少。

用模型塑型過的物相飯，也包含了這種觀念在內。

物相型常見的外型有松、葫蘆、梅、櫻、扇、千鳥等，全都是日本自古以來代表季節感，以及好兆頭的圖案。

物相型也算是一種押壽司模型。

香川的鄉土料理，鰆魚（土魠魚）「押拔壽司」，就是使用扇型等傳統模型做成的押壽司。除了押拔壽司之外，還會用鰆魚做成各類佳餚，分送給親朋好友，這項儀式活動就稱為「春祝魚」。

供佛的白飯也會使用圓柱狀的模型堆得高高，稱為「物相飯」。在各地都有使用模型把飯堆得向小山一樣食用的祭典，像在茨城縣有鹿島神社的活動（十二月），稱為「大飯祭」，福井縣的國中神社則有「牛蒡講」這個祭典（二月）。

鰆魚押拔壽司

常滑燒甕

六月是開始製作醃梅乾的季節。醃梅乾原本是戰地的食物，上杉謙信跟德川家康也很愛吃。到了江戶時代之後，才成了一般家庭中的食物。

飯台

木製壽司飯盆，稱作「飯台」。一般家用飯台在昭和四十年代（一九七〇～八〇年代）逐漸普及。在月刊《營養與料理》（一九三五年創刊）昭和三十二年（一九五七）某一期的散壽司食譜中，還是用木碗製作醋飯。

六月是醃梅的季節。知道紅褐色甕壺的祕密嗎？

一提到醃梅乾，是不是就會令人聯想到外表有類似黑色水滴圖案的紅褐色甕壺呢？

這就是常滑燒。常滑燒的歷史悠久，早在九百年前的平安時代末年就已製作。常滑的土質帶有黏性，優點是能做出尺寸較大的甕壺，而且能在相對低溫下燒製，因此過去做出很多大型的保存容器。

製作醃漬菜最重要的一點，就是培育乳酸菌、酵母菌等發酵所需的菌，同時又要抑制有害的菌繁殖。陶瓷甕壺相較於其他材質不易受到溫度變化影響，加上表面不容易損傷，最適合用來製作醃漬菜。

此外，陶瓷容易出現鹽分滲出的現象，經常會使得容易出現裂痕或破掉，但燒製得緊密的常滑甕不會有這樣的現象，非常適合用來製作加鹽的醃漬菜及醃梅乾。

製作標準款常滑甕的廠商在二〇一四年停業了。目前雖然還有庫存販賣，但賣完之後就沒了。為什麼一提到醃梅乾就會聯想到紅褐色的常滑甕呢？背後是有原因的，但不知不覺讓大家淡忘，而且市面上再也買不到，真的很可惜。

常滑燒的甕壺

六月二十七日是「散壽司日」，是從內田百閒也吃過的岡山壽司而來

岡山的散壽司，以用料多到滿出來聞名。

一六五一年，備前岡山藩遇到洪水侵襲，為了振興地方，藩主池田光政下達了「每餐一湯一菜」的節約令。民眾為了對抗這道命令，在散壽司中加入大量材料，做出奢華的一道菜。這就是岡山散壽司的起源，後來還將池田光政的忌日訂為「散壽司日」。

飯台是到了一九七〇～八〇年代才普及到一般家庭。

過去只有營業用的飯台，後來在百貨公司出現家庭用的飯台，加上電視上的料理節目中也使用，之後才一舉熱銷。

木屋的飯台使用的是樹齡超過一百三十年的木曾花柏。日本花柏沒有氣味，又含有耐水性的油分，是耐水性很強的木材。加上樹齡長，含有大量優質的油分，可長保清潔使用。

岡山出身的小說家內田百閒在〈祭典壽司　魚島壽司〉這篇散文中提到了岡山的散壽司。文中提到的用料，種類繁多相當豪華。「瓠瓜乾、香菇、木耳、高野豆腐、生腐皮、蒟蒻乾（也有人加入銀杏）、豌豆莢、慈菇、土當歸、蜂斗菜、竹筍、牛蒡、紅蘿蔔、蓮藕、油豆腐、魚板、蝦、花枝、鯛魚，還有比目魚、煎蛋捲、海苔、紅薑片」。（引用自中公文庫《御馳走帖》）

有田川町產的棕櫚鬃刷

鬃刷的纖維呈三百六十度放射線狀排列，因此纖維前端一定能接觸到各個角落，無論便當盒或飯桶都能洗得很乾淨。還可以用煮沸消毒，隨時保持非常清潔。

磨刀石

作家幸田文、澤村貞子，這些擅長做菜的人都是自己磨菜刀。大家也用磨刀石來挑戰看看吧。萬一失敗的話，再請專業師傅保養就可以了。

梅雨季必備小知識！砧板最理想的清洗方式

六月是梅雨季節，包括砧板還有各類木製品都很容易發霉。砧板用鬃刷和粗鹽刷洗，可以洗得最乾淨。切過生肉或鮮魚的砧板也用同樣的方式清洗。其實使用中性洗潔劑跟海綿來清洗的話，洗潔劑殘留的狀況比想像中嚴重，也是導致發霉的原因。想用洗潔劑的話，最好先用水稀釋兩到三倍，然後在覺得「這樣應該沖乾淨」之後，再沖個兩到三次。鬃刷應隨時常備多個，分開使用，保持清潔最是重要。

目前唯一日本國產的鬃刷，就是和歌山縣有田川町產的棕櫚鬃刷，完全不使用化學藥品，依照傳統方式製作。無論是刷洗牛蒡或薯芋類的外皮或髒汙，甚至摩擦肌膚也無妨。比起外國製的鬃刷更柔軟，也不會傷到鐵弗龍塗層的鍋具或玻璃餐具。聽說東京會館的主廚會在使用昆布前，用棕櫚鬃刷輕輕去除掉昆布表面的髒汙，不但不會損傷到昆布，還能做出鮮美的高湯。

製作鬃刷的棕櫚皮師傅，還有日本國產的棕櫚皮傳統，都已經失傳。目前唯一讓這項技術復活的，就是在木屋也有販售的高田耕造商店的鬃刷。鬃刷是以「點」來去除汙漬。先用水來讓沾上的髒汙或焦漬浮起來，之後再輕輕用鬃刷刷掉。

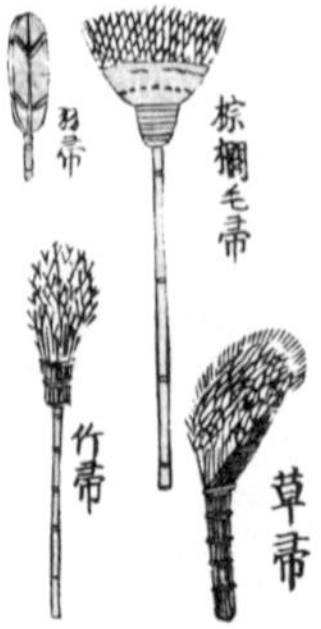

江戶時期的掃除工具。鬃刷是在明治時期才出現。引用自《和漢三才圖會》

正因為六月是容易生鏽的季節，更要仔細磨刀，別讓菜刀生鏽了

磨刀石大致上可以分成三種，顆粒較粗、中等，以及修飾用。入門者請用「中砥」。

如果是一般家用菜刀，用中砥磨刀石可以磨不銹鋼或鋼刀。不銹鋼刀磨過之後切起來也會比較利。

研磨之後，磨刀石也會變得不平整，因此需要保養。最簡單的作法就是先到居家用品大賣場，或是網購平台亞馬遜，購買大約三十公分的方形鋪石或庭石，價格差不多三百圓。再將鋪石跟磨刀石用水沾溼，在鋪石上摩擦磨刀石，這樣就會變得平整。

菜刀也要留意不要生鏽。尤其六月是容易生鏽的季節。菜刀使用過後用水沾溼，再用「除鏽石」這類工具研磨，等到完全乾了之後再收起來。沒有除鏽石的話，就倒點去汙粉在菜刀上，用軟木栓來研磨，也是一種方法。

要磨菜刀，或是為了防鏽而使用的去汙粉，推薦可使用花王的「New Homing」或是「Super Homing」這類容易取得的品牌。

單面刃菜刀的磨刀方式

自己日常使用的工具，最好能自行保養……這是刀具店的真心話。只要遵照木屋傳授的磨刀方式去做，任何人都能自行研磨菜刀。在自家勤加研磨保養，就能保持銳利好用，能用得長久，做起菜來也好吃。一般家庭使用的話，首先要準備一塊「中砥」的磨刀石（見第58頁）。當然，如果還是覺得「不懂得磨刀的方法」、「自己磨刀好麻煩」，不用勉強，交給專業師傅就行。如果自己嘗試卻失敗時，也可以拿到刀具店來。木屋當然不用說，一般刀具店也幾乎都會提供保養的服務。

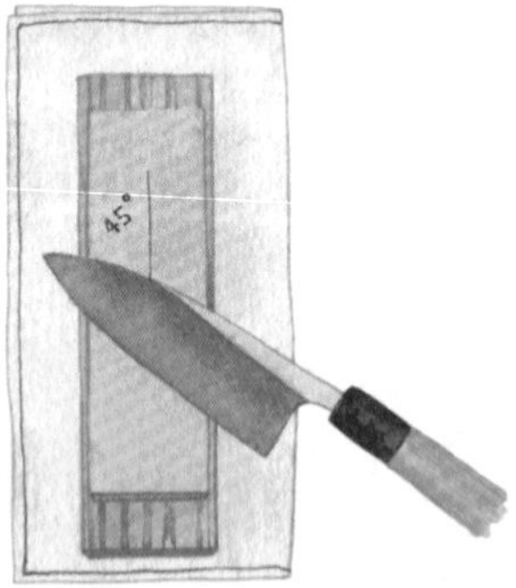

1

菜刀以四十五度角斜放

先用水將磨刀石沾溼，下方墊一條溼布，磨刀石直放。接著，將菜刀以四十五度角斜放在磨刀石上。用右手握刀時，將右側的菜刀面貼著磨刀石。

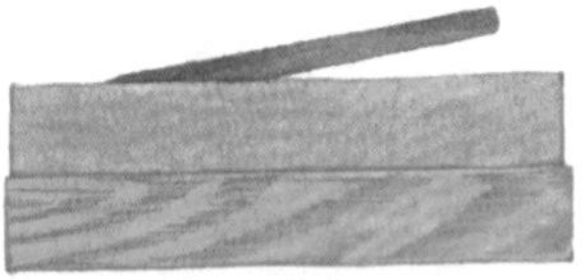

2

刀刃斜抵著磨刀石

單面刃菜刀，刀刃有個傾斜的角度。首先，順著刀刃的角度抵住磨刀石，沿著這個角度稍微抬高一點點研磨。

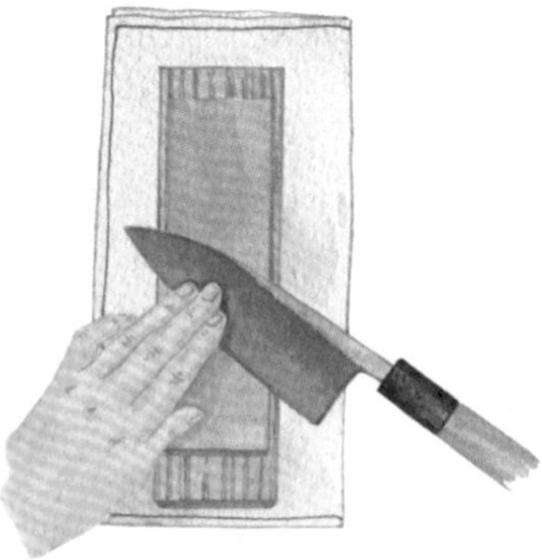

3

用三根手指頭輔助

將左手的三根手指頭輕輕貼在刀上，輔助上下移動研磨。磨到刀刃出現一些顆粒碎削（毛邊、金屬毛口）時就結束。接下來再將手指貼在旁邊研磨其他地方。

4

分成四部分來磨

不要一次磨整面刀刃，分成四部分，依序研磨。磨完正面之後，背面也依照同樣的步驟研磨。把整片刀刃磨到同樣出現粗粗的金屬毛邊。

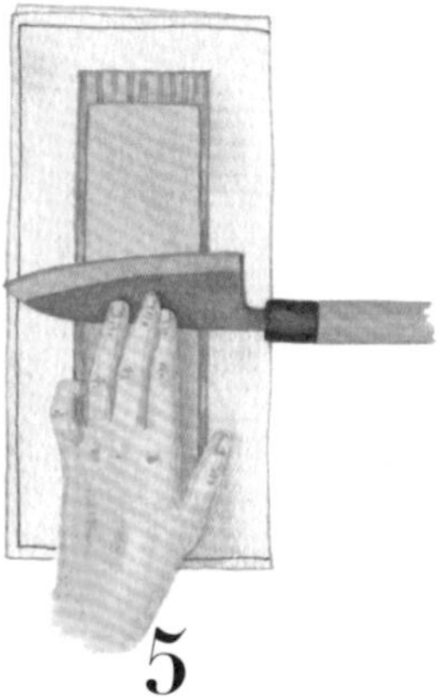

5

背面也要磨

磨背面時，刀刃以九十度貼著磨刀石。單面刃菜刀就直接平貼在磨刀石上。刀背也一樣，從刃尖開始分成四部分，依序磨下來。

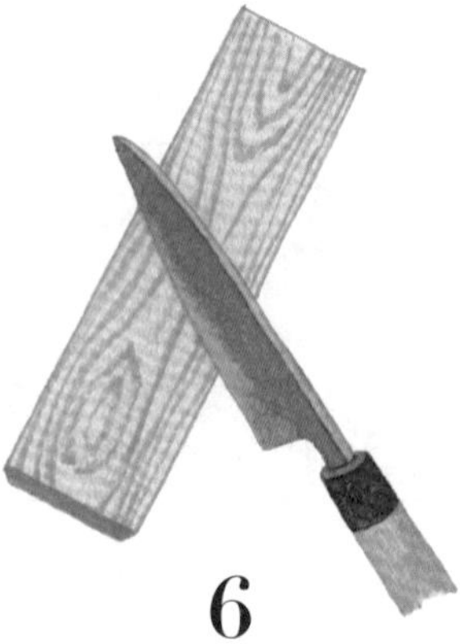

6

在木台上去除金屬毛邊

正反面都磨完之後，將刀刃輕輕貼著磨刀石後方的木台，把附在刀刃上的細細金屬毛邊刮掉。最後用水把菜刀清洗乾淨，再完全擦乾即可。

七月

二十四節氣在梅雨結束後的七月上旬到二十日左右是「小暑」，一年之中最熱的七月下旬到八月上旬則是「大暑」。

了解在夏季才有的食材，並學會怎麼吃最好吃，懂得自古以來日本涼爽避暑的各項巧思，來度過炎炎夏日。

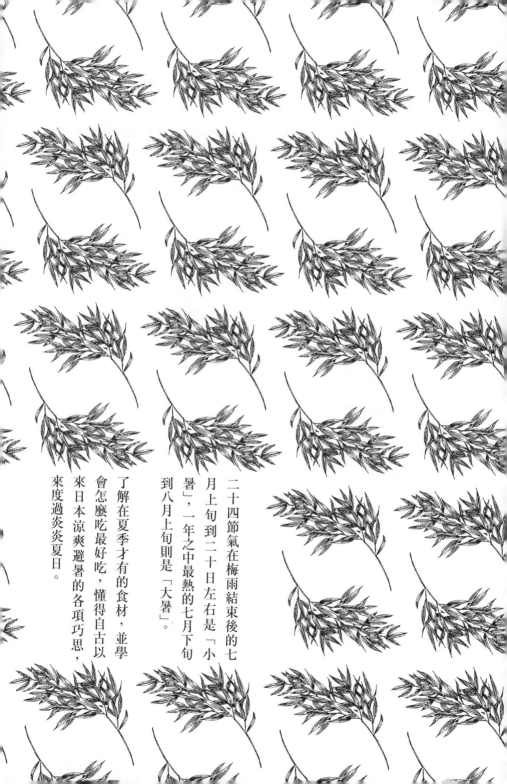

洋菜推刀盒

洋菜可不只是故作風雅且懷舊的食物。由於富含食物纖維，具備整腸效果，也有助於降血糖，廣受矚目。

中式蒸籠

不使用油，光靠蒸氣就能加熱的「蒸籠」，將會是接下來受到關注的健康且安全的調理道具。以竹子編織而成的美麗上蓋，是中式蒸籠的特色。

洋菜是佛祖之鏡

洋菜自古就是避暑的重要食物。

雖然不像現在有冰箱或是冰塊能冰得透心涼，但洋菜過去就很受歡迎，經常出現在夏日街角的繪畫上。

從畫上看得出來，使用的工具跟現在一樣。用洋菜推刀盒把洋菜切成細絲，盛在盤子裡。當時會淋上砂糖、醬油、薑和醋一起吃。

洋菜是從中國傳到日本的一道素食料理，當作中元節的貢品，或是其他儀式慶典時的食物。在青森、長崎，有些地方把洋菜稱作「佛祖之鏡」，習俗上會將洋菜切成圓形或方形來作為貢品。外型美得像是玻璃藝術品的洋菜，不僅令人感到涼爽，更能從中獲得一股神聖的力量。現在，洋菜因為富含食物纖維，並有助於降血糖而受到矚目。從室町時代食用至今，先民的智慧終於有科學證據來印證。

販賣洋菜。引用自《守貞漫稿》

在兩國橋邊販賣洋菜的小攤。引用自《繪本江戶爵》插圖．喜多川歌麿

引用自《職人盡繪詞》

可以無油加熱，瀝掉多餘的油脂，蒸籠是能做各種靈活運用的道具

七月是各種蔬菜的產季，像是玉米、櫛瓜、秋葵、茄子、彩椒。用中式蒸籠來蒸夏季蔬菜，不需用油，還能保留養分，非常健康。多餘的水分會被木竹材質的上蓋吸收，蒸熟的食材飽滿軟嫩。

木屋的中式蒸籠，是由日本頂尖師傅大川蒸籠店的大川良夫先生製作。大川良夫是現今日本碩果僅存，唯一製作馬毛網篩的師傅。此外，大川師傅也製作相撲選手上場前淨身時用來舀取「力水」的柄杓。

蒸籠上蓋在竹子之間還在縱向挾著檜木材質的經木，能充分吸收水分。用山櫻皮接著吉野檜曲輪的蒸籠主體，即使損壞也能修補，而使用日本國產材料製作更令人放心。

蒸籠的老祖宗是「甑」，使用陶土、檜木和竹子製成的蒸煮容器。在一九六、七〇年代之前，一般家庭也會使用。根據《和漢三才圖會》裡的內容，甑裡蒸氣形成的垢塗在舌頭的傷口上據說有療效。

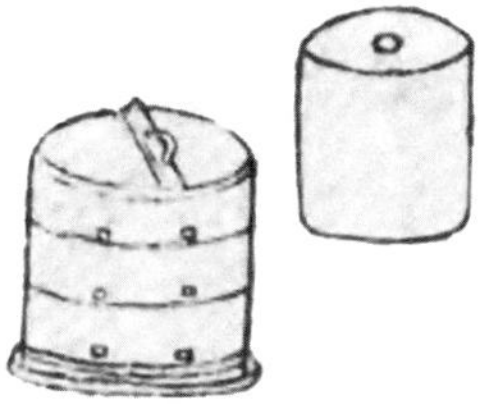

甑。引用自《和漢三才圖會》

漬菜木桶

對於「擔心木桶容易發霉或漏水」的人來說，日本花柏這種木材耐水性強，富含具有耐水效果的油分，製成堅固的木桶在使用上一點都不難。

醃梅乾與竹篩

醃梅乾就像自古以來的傳統習俗，最好是每天吃一點的食物。若是自製醃梅乾，晾梅乾時使用一般便宜的篩子也無妨。挑選尺寸大一點的會比較方便。

用傳統木桶
製作發酵食品

用夏季蔬菜來做米糠醬菜吧。

一般做醃漬醬菜的容器多半使用琺瑯、陶瓷、玻璃等材質，其實也有不少人認為，製作發酵食品最適合的容器是木桶。

天然木桶在木肌中會有發酵所需的酵母菌及微生物，能幫助醬菜熟成，變得更美味。據木曾檜的大盤商表示，醬菜店在委託製作新的醬菜桶時，會要求要用上一片舊木桶的「榑」（製作桶身的木條）。

由於舊桶的木條上附著了這家醬菜店的微生物，這麼一來，即使使用新木桶也能醞釀出該店特殊的風味。

附著在木桶上的微生物有多珍貴呢？

不僅醬菜，包括日本酒、味噌、醬油等多種發酵食品，現在也多使用木桶來製作，由此可知其重要性。

在《四季漬物鹽嘉言》（一八三六年）這本天保時期的醬菜食譜中，米糠醬菜也是使用木桶來製作。當時用鹽量非常多，但基本上的作法跟江戶時期還有現在都差不多。

引用自《四季漬物鹽嘉言》

如同「一日一梅避災難」的諺語，醃梅乾是每天必吃的食品

醃梅乾是將梅子跟鹽、紫蘇一起醃漬後，等到梅雨季結束時在陽光下晾乾。一般來說，在立秋之前的「土用」期間，晾個三天，這就稱為「土用干」的傳統曬法。

「土用干」的曬法也可應用在衣物及書籍上，能夠防霉及防蟲。

「土用」是在立春、立夏、立秋、立冬之前約十八天。夏季土用是從七月二十日左右到八月六日這段期間，也是一年之中最熱的時候。「土用」是根據太陽的動向來決定，每一年的日期都不同。夏季土用為了防止中暑，據說要吃日文中有「う」字的食物，其中最有名的就是鰻魚（うなぎ），醃梅乾（うめぼし）也是（但據說鰻魚不能跟醃梅乾一起吃）。尤其醃梅乾有益健康，又是象徵吉利的食品，甚至有句諺語說「一日一梅避災難」，自古就是開啟美好一天的食品。

事實上，醃梅乾含有檸檬酸，可以消除疲勞，具有整腸效果，科學上也證明了每日食用好處多多。

在《和漢三才圖會》中提到，「笊」（竹篩）是摘下桑椹之類的果實後用來盛裝的容器，而「攢稻箪」則是用來曬乾穀物的工具。但也附加說明，在日本用來曬乾穀物時比較常用的是以稻、麥桿製成的「藁筵」（草席子）。

筐

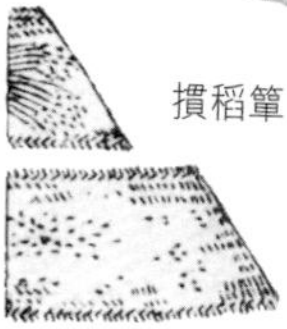
攢稻箪

素麵

素麵是非常重要的節慶食物。盛在飯台裡，展現透心清涼的風情。飯台要先裝水，待膨脹之後再端到餐桌上，否則就會漏水。

菜刀與番茄

照片中的牛刀是木屋石田總務部長使用超過四十年的工具。二十一公分的刀刃，現在用起來像是西式小菜刀，但切起來還是很利。的確是能用上一輩子的良伴。

七夕、還有中元節，素麵是七月重要的節慶食品

在江戶時期就有七夕當天供奉、食用素麵，或是彼此致贈素麵的習慣。此外，僅次於正月的重要節慶，也就是七月中元節，素麵也是不可或缺的食物。

七夕當天食用素麵的由來，據說是象徵織女與牛郎傳說的天河和織線，另外也有一說，是為了鎮住帶給人們病痛的鬼神而有的習俗。《和漢三才圖會》中提到，中國的皇子在七月七日過世後，成了獨腳的鬼神，帶給人們疾病，為了安定他的鬼魂，必須供奉麵餅。後來才演變成素麵。還有個說法，過去在中國為了祈求像織女一樣會織布或精通女紅，會舉辦「乞巧奠」，供奉的索餅後來就演變成了素麵。七月七日，女子會用五色的彩線穿針，感謝細線，用麵粉加入蛋跟牛奶做成一束像細線的食物，油炸之後就成了供奉用的索餅。

賣素麵
引用自《和國諸職繪大全》

七夕
引用自《和漢三才圖會》

引用自《北齋漫畫》

切番茄變得難切時，就是提醒該磨菜刀了

當菜刀切番茄時覺得難切時，就該磨菜刀。另外，切洋蔥時會流眼淚，也是因為用了不利的菜刀才會這樣。

很多人以為番茄是夏季蔬菜，其實真正的產季是春、秋兩季。但番茄出貨量的最高峰是在夏季，夏季的番茄價格也便宜，全國的農民都在研究夏天的美味番茄。

日本是在明治時期才開始食用番茄。然而，在明治時期的熱門料理小說《食道樂》中曾提到，「紅茄子在田裡種植之下，收成豐富，但一般人還吃不習慣，或不曉得，並不重視。多吃幾次會發現真的很美味。」表示當時知道這種蔬菜的人還不多。不過，接下來也說，「若是不懂得紅茄子的美味，則談不上知道西洋料理。」介紹了包括醬汁、湯品、鑲餡、沙拉、三明治、蔬菜醬等，各式各樣驚人的番茄食譜。

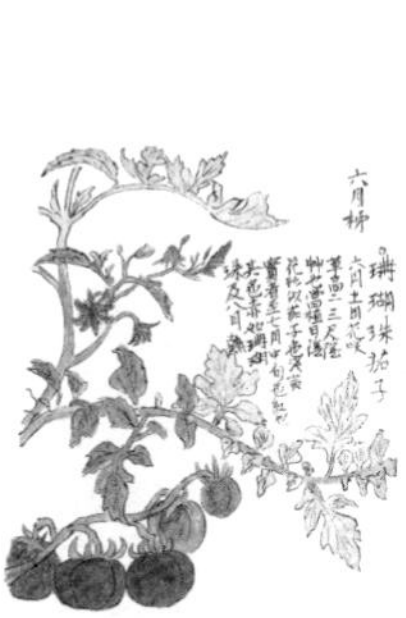

據說岐阜縣的住持在一九七一年繪製的動植物圖鑑《東莠南畝識》中畫了以「六月柹・珊瑚珠茄子」為名的番茄。番茄在六月開花，七月中旬結成的果實如同紅珊瑚，到了八月成熟。

米糠醬菜食譜

米糠醬菜從米糠漬床裡拿出來馬上吃最美味。自家製作不但好吃便宜，又無添加物，再好不過。如果有一到兩天沒辦法攪拌米糠漬床的話，可以在表面多撒點鹽，密密蓋上一層廚房紙巾，放置在陰涼處。如果要放上更多天不攪拌，就要收進保鮮袋或密封容器裡，放進冰箱保存。

材料

生米糠　1.5公斤　※新鮮米糠

A
- 鹽　225公克（為生米糠重量的15％）
- 水　6杯

辣椒　6根

食譜設計　料理研究家／營養師　今泉久美

1

生米糠與鹽水混合

在不銹鋼或珐瑯材質的鍋子裡將A煮沸後放涼。將生米糠放進木桶內，跟放涼的A充分拌勻到跟味噌的軟度差不多。生米糠可以在米店或Amazon等處購買。

2

製作米糠漬床

加入辣椒，把表面抹平。把高麗菜的外層葉片，或是蘿蔔皮等蔬菜碎屑往裡頭塞，抹平漬床表面。另外也可以加入昆布。

3

每天攪拌

將木桶內側沾上的米糠用廚房紙巾或抹布擦乾淨，蓋上蓋子。米糠漬床在夏天時需早晚各一次，冬天則一天一次，從底部整體攪拌均勻。

4

米糠漬床完成

蔬菜碎屑變軟之後就換新的，記得最後一定要把表面抹平，還有擦掉沾在木桶內側的米糠。同樣的步驟反覆約一星期後，米糠的臭味消失，質地變得平滑。

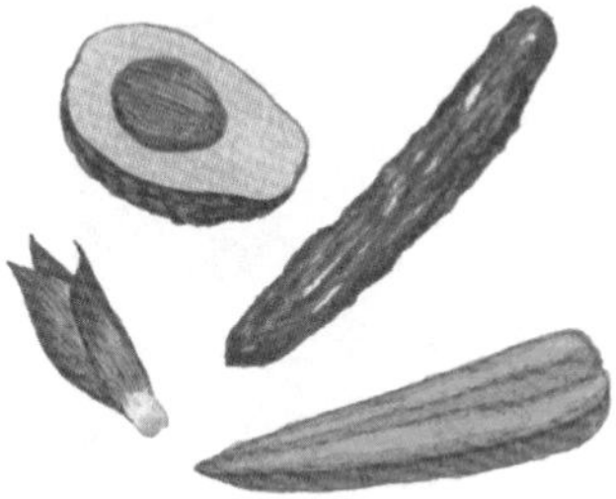

5

醃漬蔬菜

蔬菜清洗後擦乾水分醃漬。在蔬菜表面上沾點鹽，可以漬得比較入味，但也視個人喜好。至於醃漬的時間，小黃瓜約四個小時，縱切的紅蘿蔔和帶皮大頭菜則需要半天到一天。

6

漬床的維護管理

漬床的量減少就要增添米糠，並且要插入排水器排除多餘水分。排水器可以在廚具用品店買到。要是覺得醃好的醬菜偏酸，就在漬床裡多加點鹽。

八月

舊曆的八月七日秋天開始，就是「立秋」。這是一年最熱的一天，隔天起就是殘暑，進入「秋高氣爽」的季節。

八月二十三日起是「處暑」，暑氣逐漸消緩，日照和風都感覺到夏日的腳步離去。

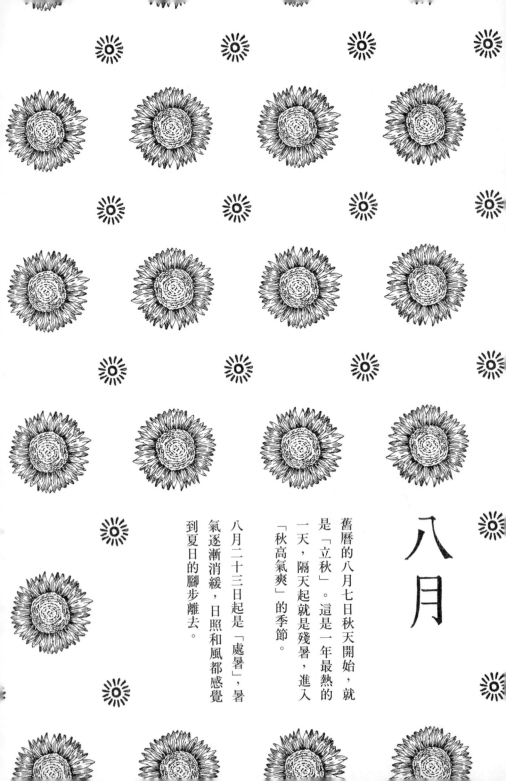

福井鍋鏟

原先用來塗抹漆的梯形抹刀，後來當作烹飪器具的經過，據說與有「日本生活設計之父」之稱的秋岡芳夫有關。

薄刃刀

沿著蘿蔔周圍表皮削薄片，或是切搭配生魚片的蘿蔔絲，以及蔥絲等，也就是將蔬菜切成薄片、細絲等發揮細緻刀工時，就使用薄刃菜刀。美麗的切口令人著迷。

設計三菱鉛筆Uni與特急朝風號的秋岡芳夫，也喜愛的福井木鍋鏟

木屋販售由福井雙葉商店製作的銀杏木鍋鏟。

這款造型奇妙的鍋鏟，原本是用來塗抹漆器的工具，以野茉莉木製作而成。當作料理用的工具販售是在大約三十年前，聽說是工業設計師秋岡芳夫突然來到雙葉商店，看到那款抹刀後給予了建議。

好像他說這款抹刀很薄加上木材質感有黏性，不會傷害鐵弗龍塗層加工的平底鍋，很適合用來做菜。

由於現在野茉莉愈來愈少，用的是木紋平行的「柾目」銀杏木，由師傅一把一把手工製造。不但輕巧好用，加上木紋平行，就算彎曲也很堅固不易折斷。此外，因為銀杏所含的油分，清洗後很快乾燥。

無論炒菜、煎漢堡或日式蛋捲翻面時，或是將番茄或馬鈴薯壓泥，用途很廣。

秋岡芳夫設計的作品之一，三菱鉛筆Uni。日本傳統的暗黑紅色，跟酒紅色的搭配成為一大特色。

夏季質地較硬的高麗菜切絲的話，就用薄刃刀

想要切出最細的高麗菜絲，就用薄刃刀。

春季高麗菜切成大片吃起來又軟又甜，但夏天的高麗菜質地硬，切成細絲比較容易吃。

薄刃刀是將菜刀表面研磨之後，刀刃刃幅又窄又薄，非常纖細。菜刀遇冷會很容易出現缺口，要特別留意。

過去將食物櫃放在戶外，在天氣冷時切醬菜，據說很容易造成菜刀的缺口。如果有解凍到一半，質地還很硬的食物，記得不要硬切。無論使用的是鋼材或不銹鋼的菜刀都一樣。

此外，有的人會用瓦斯爐的爐火烘烤一下，讓菜刀充分乾燥，但絕對不能直接在爐火上加熱。菜刀是經過鍛造、打磨後完成的金屬，超過一百度C就會變質。

素麵、冷豆腐、涼麵、沙拉、醋拌小菜等，這些夏季的食物都需要「佐料」。佐料中含有幫助消化的酵素，以及大量維他命。最具代表性的佐料就是蘿蔔泥。蘿蔔泥磨泥板的小紋路，據說有「避開災難」、「去邪」的意思。

蘿蔔泥磨泥板的小紋路

PEUGEOT的研磨器

木屋從昭和五十七年（一九八二）就開始銷售PEUGEOT的研磨器。因為PEUGEOT的研磨器是全球第一的品牌。

鰺切刀（小魚刀）

夏天進入產季的竹莢魚（鰺），是種價格便宜卻有高營養價值的魚。如果家中不只竹莢魚，還常吃沙梭、沙丁魚這些小型魚的話，有一把鰺切刀會很方便。

刀具店掛保證！PEUGEOT的刀刃是全球第一

講到胡椒研磨器，PEUGEOT至今仍是第一名。

原因是研磨器的刀刃非常厲害。

刀具店掛保證，絕對錯不了。

PEUGEOT的歷史是兄弟將繼承自祖先的麵粉廠，在一八一〇年改設為煉鋼廠。接著，兩人就打造各種工具，包括鋸子，刀子、叉子等。到了一八四〇年開始生產咖啡豆磨豆機。使用這個時期開發的刀刃為基礎，到了一八七四年推出胡椒研磨器。一八八九年，目前為公司主力商品的汽車第一號作品終於完成。PEUGEOT也成了全球最早量產汽車的廠商。可說是因為具備開發出全球第一胡椒研磨器的技術，奠定下的基礎。胡椒是夏天代謝降低時需要攝取的食物。胡椒中含的胡椒素能促進代謝、防止老化等，在美容上也很有效果。黑胡椒的香氣也特別強烈。

過去在日本富士電視台很受歡迎的節目「SMAP X SMAP」裡的料理競賽單元「Bistro SMAP」裡，來賓塔摩利送給獲勝隊伍的禮物，就是PEUGEOT的胡椒研磨器。私底下很喜歡料理、機械的塔摩利，挑選的果然不是一般陽春款的胡椒研磨器，而是電動且附有照明的款式。

電動胡椒研磨器
Elis 附照明

鰺的名稱由來是「據說美味」

鰺切刀的刀刃長約九公分，是尺寸很小的菜刀。也稱做「小出刃菜刀」。

說句刀具店的真心話，一般家庭要買菜刀的話，其實只要有一把刀刃十五公分的「中出刃菜刀」就夠了，但小巧好用又廉價的鰺切刀，確實很容易上手，用來當作日式菜刀入門款。

愈是竹莢魚這種小型魚，愈難保持鮮度。

由於會先從內臟開始腐壞，因此竹莢魚買回家之後要立刻去除內臟和鰓，再以跟海水差不多濃度的鹽水清洗乾淨。水氣也是造成腥味的原因之一，記得一定要擦乾。在一七四六年出版的食譜《黑白精味集》中，將竹莢魚評定為「中」。

而在十七世紀左右出版的《古今料理集》，則被評定為「下」。

在新井白石著作的用語解說集《東都》（一七一七年出版）中，對於竹莢魚的語源並沒有交代清楚，只提到「根據有些人的說法，『アヂ』（日文的竹莢魚）就是「味」（音近「アヂ」）也就是『美味之意』。」

伊賀燒的蚊香盒

伊賀是以土鍋等陶瓷器具著名的地方，其實從以前就製作動物造型的蚊香盒。

竹刷

竹刷是自古就有的工具，用於打掃、消災、清洗、儀式，甚至作為樂器。感覺即使放在家裡，就能招來福氣。

放在現代屋內也很美觀，傳承伊賀燒之美的蚊香盒

夏天盡可能不要開空調，試著敞開窗戶。開窗的話，就要花點心思防蚊蟲。木屋提供了伊賀燒的蚊香盒。

蚊香盒裡附的菊花線香，使用的主要原料就是氣味很好的除蟲草。未添加合成色素、染色劑或農藥，外觀的顏色就是植物粉末原料的顏色。由於完全無使用類除蟲菊素（pyrethroid，通稱化學合成的殺蟲成分），在日本藥事法上並不被當作蚊香。不過，實際上還是能充分發揮效果。

木屋精選銷售的蚊香盒傳承了伊賀燒的傳統，伊賀燒自桃山時代就以強而有力的造型為特色。品質上完全耐熱，非常安全，加上整體上了釉，不容易被線香的油煙弄髒。

古時候會以燒艾草、茅草和杉木等，用煙來驅蚊。明治三十八年（一九〇五）出版的《江戶府內繪本風俗往來》一書中，刊載了驅蚊火的繪圖。在酷熱的夏天，赤裸著上半身，丈夫小酌，妻子燒火驅蚊。

引用自《江戶府內繪本風俗往來》

也作為驅邪之用的神聖掃除用具

在還沒有鬃刷的時代，打掃時用的是用竹子做的竹刷。跟鬃刷一樣，可以用刷落的方式來清除，因此能去除沾在平底鍋或鍋子上的汙垢。也能用來洗刷衣服。

外型較長，不會弄髒手這一點也很方便。由於是木質工具，清洗時盡量不要用清潔劑，真的要用的話先稀釋成兩到三倍，然後在覺得「差不多沖乾淨」之後，再沖個兩次，充分乾燥是常保清潔的祕訣。

日本國學大師折口信夫的祖父是飛鳥坐神社宮司的養子，在飛鳥坐神社的御田植祭，帶著天狗及老翁面具的男子，會用竹刷敲打眾人的臀部。至於愛媛縣的石手寺節分祭，赤鬼也會用竹刷敲打參拜信眾的背，代表驅邪的意義。東京日野市的八坂神社祭典時，則以竹刷敲打地上表示清潔路面。竹刷不僅用來打掃，自古也用在儀式上，據信有潔淨人心及土地的神聖力量。

在《吾妻之花》中收錄了嘉永年間的反襯剪紙畫，全都是各種廚房工具，其中也有竹刷。旁邊也畫了用稻桿和繩子編成的掃除工具。

引用自《吾妻之花》

高湯的取法

用好的工具來取美味的高湯。使用昆布和柴魚片取的高湯味道就是不一樣。昆布富含礦物質，柴魚片則是發酵食品。每天飲用這種高湯，肌膚和腸胃的狀況都能保持在良好狀態。可依照下方的食譜來取出「一番高湯」（第一道高湯）。一番高湯用的是注重香氣的澄清高湯。如果要做紅燒菜、味噌湯的話，用取一番高湯剩下的材料來取「二番高湯」（第二道高湯）即可。二番高湯的作法，是用取完一番高湯後的湯渣，加入取一番高湯時半量的水，加熱到沸騰後調整成小火。熬煮五分鐘，再加入十公克新的柴魚片，繼續加熱兩分鐘。最後用棉布過濾後即完成。

食譜設計　料理研究家／營養師 今泉久美

1

挑選柴魚

柴魚帶皮的部位是尾巴，削片的時候從頭部削起。柴魚的種類有很多，不帶血合，帶血合，腹部或背部，以及熟成程度等，根據喜好和預算來挑選。

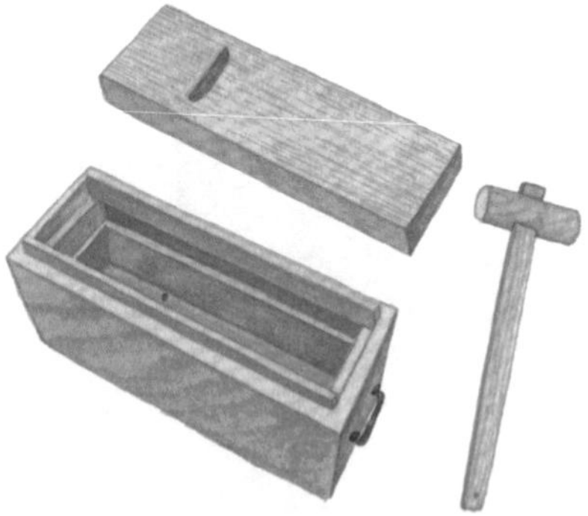

2

調整刨片器的刀刃

刨片器有片像刨刀的刀刃。用木槌在刨片器下方輕敲，就能把刨刀敲出來，從上方輕敲就能將刀刃收起來。將刀刃調整得恰到好處，就能削出很薄的柴魚片。

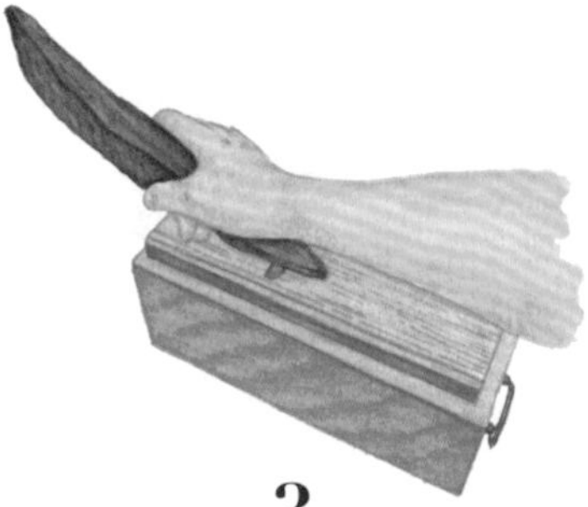

3

削柴魚片

手握著柴魚頭部扁平部分貼著刀刃，前後移動削出柴魚片。一邊削著扁平的面積會逐漸變大，就能削出漂亮的柴魚花。

4

取昆布高湯

在鋁質雪平鍋加入一公升的水、擦拭乾淨的昆布十公克，以中火加熱。煮到快要沸騰時就取出昆布。

5

取柴魚片高湯

加入柴魚片二十公克，用長筷子稍微攪拌，一煮沸就調整成小火，用湯杓撈掉雜質浮泡。雜質浮泡撈完後關火，靜置三分鐘左右。

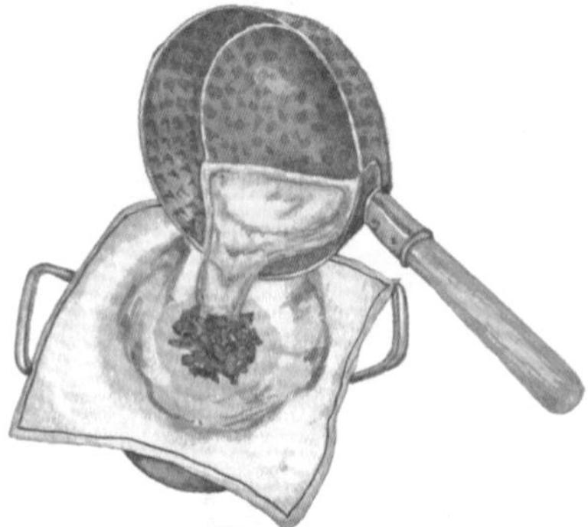

6

用棉布過濾

在大碗上鋪棉布或廚房紙巾，上面再放個篩子過濾高湯。過濾完剩下的湯渣可以用來取二番高湯。

九月

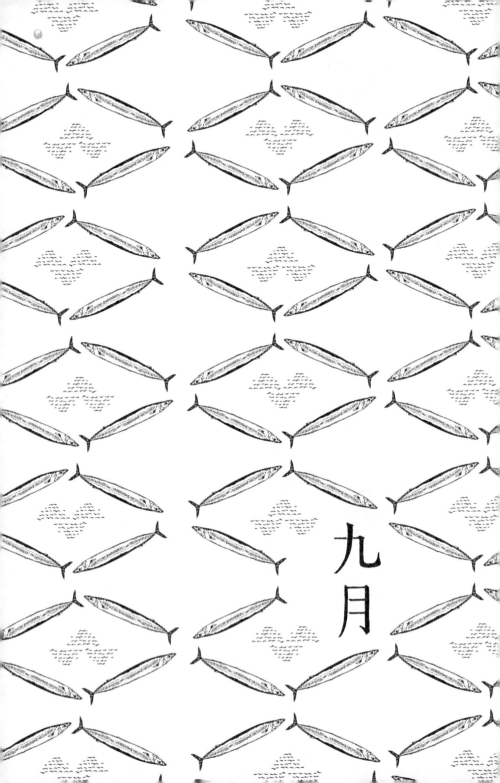

新米的季節到來。
即使時代變化，日本人還是最愛米飯。

那麼……，
當有人問到：「有什麼道具可以讓米飯變得最好吃呢？」
你答得出來嗎？

來了解一下，
多年來累積培養的一些跟米飯有關的小知識。

江戶飯桶

大家是不是常有「剛煮好的飯＝最好吃」的迷思？其實把煮好的飯盛進飯桶裡之後，才是飯最好吃的時候。

剝栗剪

日本人自古就有吃栗子討吉利的習慣。事實上，栗子富含維他命、食物纖維、礦物質、澱粉，是種營養的萬能食材。

讓飯變得最好吃的道具

曾有人問，飯桶究竟是用來做什麼的？有必要嗎？

答案是，「讓飯變得最好吃的道具」。

飯一煮好後悶一下，然後稍微拌勻，就盛到飯桶裡。可以讓木材吸收掉多餘的水分。這麼一來，即使飯冷了，也會因為木材裡的水分讓飯不變得乾巴巴。飯桶經常使用日本花柏來製作。由於花柏本身沒有氣味，加上耐水性強，很適合用來製作飯桶。木屋的江戶飯桶也是用日本花柏做的。

靜岡縣的櫻池為了祈求豐收，會將裝有紅豆飯的飯桶沉入湖中，這項祭典已經舉辦了大約超過八百年。據說平安末年有僧人為了祈求五穀豐收而主動投入湖中，這個祭典就是供奉化身為龍神的僧人。每年收到來自日本全國各地幾十個飯桶，沉到湖底後，不知為何總是變成空的又浮上湖面。據說這個謎也是遠州七大神祕現象之一。

《早安》（一九五九年）、《麥秋》（一九五一年）、《晚春》（一九四九年）等小津安二郎導演的作品，在片中也會看到江戶飯桶。箍圈則看來都是銅質。

引用自《晚春》

宛如財寶的金黃色！栗子自古就是吉祥的食物

栗子的產季是從九月到十月。即使在這個幾乎全年都能看到各種蔬菜的時代，新鮮的生栗子還是只在產季才買得到。

自古以來栗子就是代表吉祥的食物。

戰國時代為了討個好兆頭，就會用「勝栗」。

金黃色代表閃閃發亮的財寶，因此年菜中一定會有一道用栗子做的日式甜點「栗金團」。

九月九日（舊曆）是重陽節，由於是奇數最大數字重複，值得慶賀的日子，剛好又是栗子的產季，因此要吃栗子飯，這一天又稱為「栗子節」。接著在九月十三日（舊曆），則與八月十五的供奉新鮮薯芋的「芋名月」對照，成了「栗名月」。供奉賞月丸子、栗子還有毛豆來感謝收成。秋天在祈求好兆頭之下，盡情享受美味的栗子。有了剝栗剪，外殼跟裡頭的澀皮都能簡單剝除，十分方便。

在《古事記》中，吉野的居民上呈給神明、天皇的食物，據說有栗子、菇類和香魚。由此可知，栗子是日本食物的原點，也是自古以來代表神聖的食物。

爆栗子。引用自《素人庖丁》

柴魚刨片器

木屋從江戶時期就開始販賣許多木工工具。木屋的柴魚刨片器使用講究的優質刨刀，用起來手感就是不同。

小烤爐

秋天進入產季的秋刀魚。作家幸田文曾寫過，蹲在鹽烤秋刀魚或青花魚的小烤爐旁邊，一烤好馬上吃，是烤魚最美味的吃法。

現存最古老的柴魚刨片器由美國的博物館收藏

其實柴魚刨片器算是很新的工具。在葛飾北齋的素描畫冊《北齋漫畫》中，有一幅用小刀削柴魚的圖。當時的柴魚跟現在的「荒節」，也就是燻製後未經乾燥的種類類似，質地比較柔軟。福澤諭吉在《福翁自傳》裡寫道，他因為把佩劍賣了，就改將柴魚小刀插在腰際。橫濱貿易商成毛金次郎在明治二十八年（一八九五）出版的《Domestic Japan》裡畫了一幅圖，是裝了柴魚跟小菜刀的盒子，叫做「柴魚盒」。目前已知最古老的柴魚刨片器，是摩斯博士（Edward Sylvester Morse）明治初期在旅日期間使用的。摩斯博士是從美國來到日本的動物學家，明治十年（一八七七）挖掘出大森貝塚。

現在，摩斯博士的柴魚刨片器由美國沙林市的皮博迪埃塞克斯博物館（Peabody Essex Museum）收藏。不僅柴魚刨片器，就連岡倉天心當初贈送給摩斯博士的柴魚也完整保持原本的外型，令人嘆為觀止。

木屋也販賣由博士當年使用的柴魚刨片器復刻製造的款式。摩斯先生在他著作的旅日筆記《在日本的每一天》中也提到柴魚。

引用自《北齋漫畫》

好的小烤爐，是由一大片石川縣珠洲市的矽藻土切割而成

小烤爐，日文裡寫作「七輪」。小烤爐最古老的製法，是用鑿子從一大片矽藻土切割出來，再以手工挖掘，這就稱為「切出製法」。

木屋的小烤爐也是用這種方法製作。

而且只用產自石川縣珠洲市（能登半島）的矽藻土。

此外，必須要以優質且沒出現裂痕的一整片矽藻土來製作。

相較於使用矽藻土粉末以機械加工壓實來製作的小烤爐，以「切出製法」的小烤爐比較耐水。然而，基本上小烤爐是一件怕碰到水的工具，如果真的很髒，就用沾溼的抹布把油汙擦掉。

據說矽藻土製的小烤爐是在明治時期突如其來變得普及，接著要等到進入昭和年間，才成為日本全國的主流。在此之前，聽起來還是以陶瓷器材質居多。

在《和漢三才圖會》中介紹的小烤爐，因為有通風口，火勢能自然增大，炭的使用量很小，還不到一分，因此也有人稱「七厘」這個名字。

引用自《和漢三才圖會》

米桶

九月是新米的季節。有人說要保持米的美味，最好是放在冰箱，但通常放不下那麼多。所以米桶也要講究一些，用好一點的。

焙茶壺

焙茶壺，其實也可以用來焙煎芝麻、米糠、豆子和銀杏。沒有焙茶壺的話，也可以使用平底鍋來焙煎。

米桶是很重要的道具，正月時要供奉年糕或粥

木屋的米桶是用桐木做的。

桐木具有良好調節溼度的特性，並且有防菌、防蟲的功能。

製作的廠商位於埼玉縣春日部市。春日部市因為當初建造日光東照宮的關係，聚集了很多手藝非常好的桐木木工，因此，這裡也傳承了製作桐木工具的精良技術。要讓米保持美味，最理想的儲藏環境是溫度在二十度C以下，最好能低於十三度C。此外，水槽下方溼度容易變高，盡可能避免把米桶放在這些地方。

米桶是米的儲藏庫，自古以來就是很重要的器具。正月還有供奉年糕，用「左義長」火祭的火來炊煮紅豆粥，下方墊著琵琶葉供奉，有各式各樣的習俗。過去收放米桶的儲藏室或倉庫，也是祀奉掌管廚房與食物的神明大黑神的場所。

由於桐木質地較軟，容易損傷，必須特別留意。一弄溼就會留下汙漬或變色，請務必立刻擦乾。

一年需要將上蓋打開兩到三次陰乾，讓溼氣散出去。如果曝曬在陽光下，會導致桐木龜裂或變形，須特別留意。要是不小心碰撞出現細微損傷，可以在損傷處沾點水，墊上一塊布，再用熨斗加熱就能復原。不太明顯的汙漬，可以用較細的砂紙磨乾淨。

幸田文與宇野千代，也最喜歡自己焙煎的茶

請大家試試自己焙茶來喝。

芳香，清爽，超乎想像的美味著實驚人。

事實上，焙茶時的香氣具有很強烈的舒緩作用，還能降低咖啡因的成分，晚上想喝點暖呼呼的飲料時，不妨來上一杯。

連廚藝精湛的幸田文與宇野千代，也在著作中寫過茶葉在焙煎後喝來最是美味。幸田文的小說《廚房之音》裡的主角是位廚師，他會特地訂製現在已經再也看不到的焙茶壺。不過，焙茶壺可以在木屋買得到。一般焙茶有兩種方式，一種是將焙茶壺充分加熱後關火，放入茶葉後搖晃焙茶壺；另一種是一開始就將茶葉放入焙茶壺中加熱，等到冒出煙後關火，再搖晃焙茶壺。使用後將焙茶壺倒置，將茶葉從把手放入茶壺中。立刻在茶壺中注入熱水，就會發出「滋！」的悅耳聲響。

木屋的焙茶壺是茨城縣的笠間燒。使用名為「天目」的黑色釉藥製作。天目，據説是過去到中國天目山寺院修行的僧侶，帶回上了黑色釉藥的碗，後來就以此來稱呼黑色的釉藥。

寺田文《廚房之音》
講談社文庫

時令食材

現在很多食材在一年之中隨時都能買到，愈來愈不清楚「時令」的概念了。不過，如果考量到營養及美味程度，食物還是吃當季的好。

此外，日本全國各地都有慶祝時令食材的活動，也因為這樣留下很多特殊的名詞與歌謠。像是春告魚、夏茱萸、秋鮭、冬茹、寒鰤……等。

因為食材的產季逐漸變得模糊不清，使得眾人忘卻了收成的喜悅以及生長環境的文化，這是非常遺憾的事。

這裡介紹的雖屬極少數，卻是許多人意想不到的時令食材。

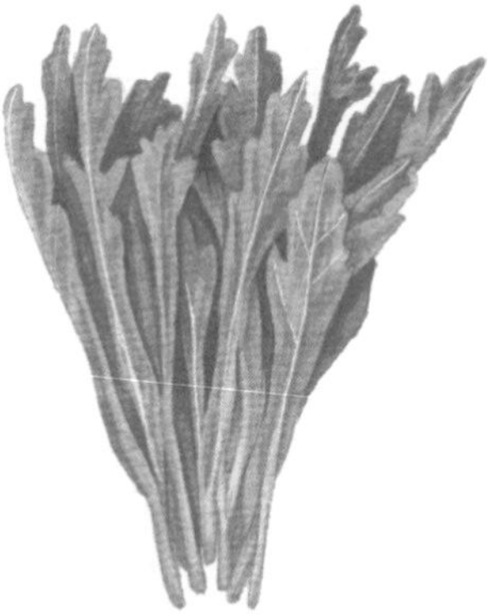

菠菜

產季為十一月到三月。在寒冷的季節甜味增加，還會提高維他命C等營養成分。冬日夜晚，不妨吃個加了菠菜跟豬肉的熱鍋，暖暖身子。這樣的熱鍋料理天天吃也吃不膩，也稱為「常夜鍋」。

香菇

一般都覺得菇類的產季在秋天，其實新鮮香菇最好吃的季節是在四到五月。秋天雖然也有，但還是春季的口味最佳。春季採收的香菇特別叫做「春子」。

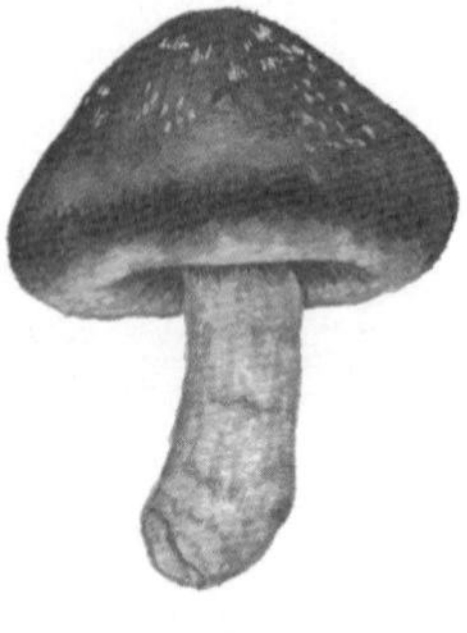

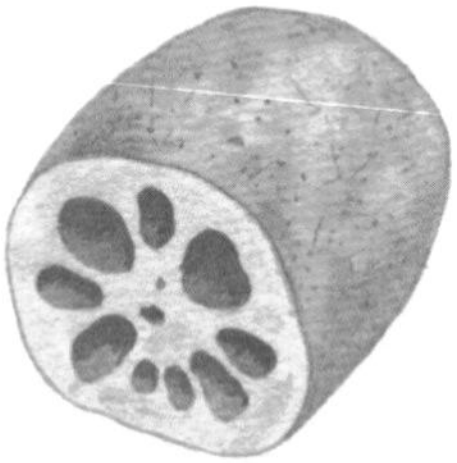

蓮藕

新春年菜中少不了的蓮藕，很容易讓人以為在冬天盛產，其實產季是夏天。要做甜醋蓮藕拌菜之類，必須將生鮮蓮藕切成薄片時，使用銳利一點的菜刀，切出的蓮藕片香氣就是不一樣。

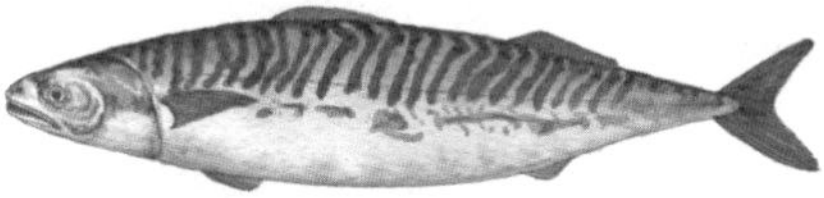

鮭魚

為了產卵返回淡水河的秋季，就是最美味的產季。日本人自古就會將秋天捕獲的鮭魚用鹽醃起來，做成正月時的新卷鮭。這麼一來，就能完整從頭到尾品嚐到一整尾鮭魚。

鱒魚

產季是四到五月，因此鱒魚也被當作是宣告春天來臨的魚種。無論用奶油香煎、鹽烤，或做成紅燒都好吃。另外，富山的鱒壽司也很有名。現在仍有過去使用日本國產櫻鱒製作的壽司店。

青椒

一般人多半認為青椒的產季在春、夏時期，但其實是秋季。青椒不但富含維他命C，苦味的成分據說還有預防血栓、腦梗塞或心肌梗塞等症狀。

蘿蔔

產季在冬天。具有黃綠色蔬菜的葉子，富含維他命C的外皮，以及大量酵素的根部，含有各種不同養分的蘿蔔是一種萬能蔬菜。在《古事記》中曾以蘿蔔來比擬女性白皙美麗的手臂。

薑

讓身體溫暖的薑，產季卻在八到九月的夏天。過去在舊曆八月朔日（一日）有讓媳婦帶著薑回娘家的習俗，稱為「生薑節」。

十月

米、銀杏、栗子、薯芋、柴魚……。
許多食材都在秋天迎接產季。

二十四節氣中，
十月上旬有冷空氣凝結成露水的
「寒露」，
十月下旬則有開始下霜的「霜降」。

秋天，也是大家認為呼吸系統容易
變得虛弱的季節。
利用時令食材的養分，有助於調整
身體狀況。

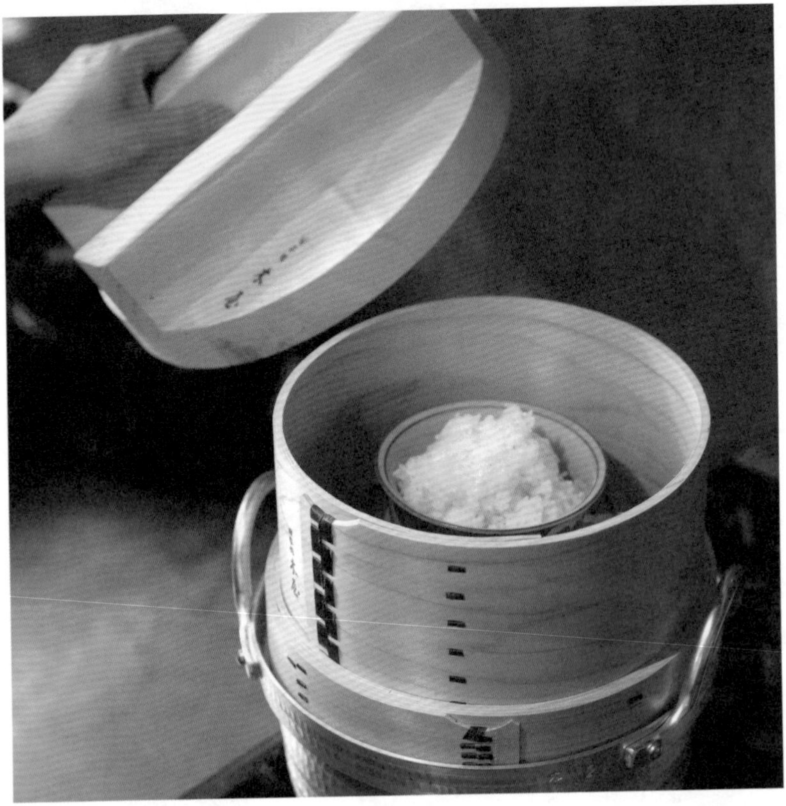

日式蒸籠

在祭典中跟神明分享的丸子或紅豆飯，自古就是用蒸籠來蒸煮。蒸籠就是這麼有魅力的工具，光是一出現就令人雀躍不已。

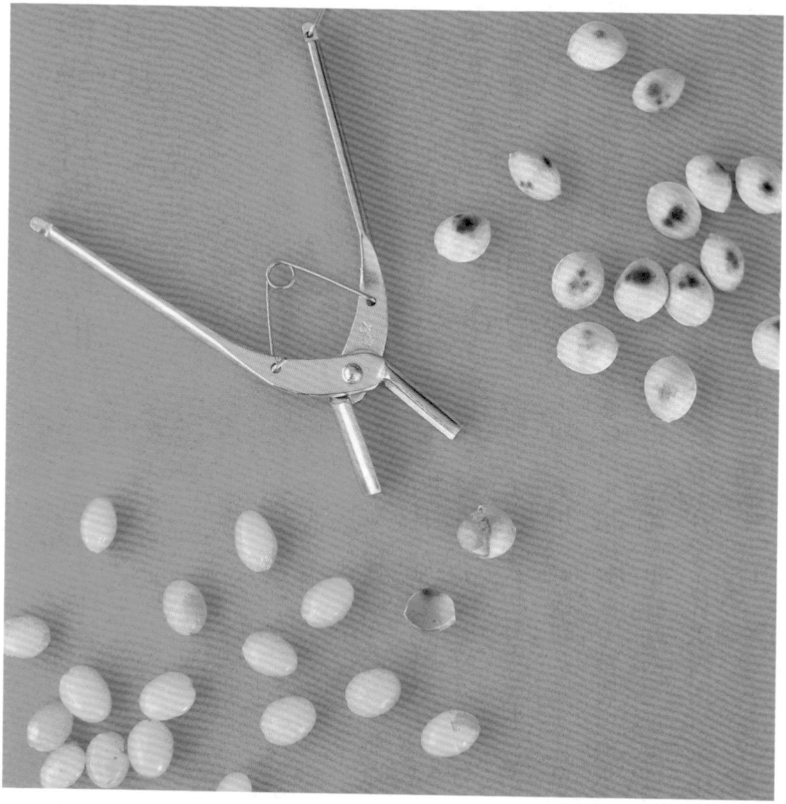

銀杏剝殼刀

銀杏殼其實也能用扳手或是廚房剪刀來剝除，但要是量比較多，常會剝到手痛。建議使用專用的銀杏剝殼刀。

讓冷飯變得最好吃的加熱道具

九月、十月是新米最好吃的季節。不過，很多人沒時間每天煮飯，而是一次煮大量後冷凍保存起來。

大家在加熱冰過或冷凍的米飯時，都用微波爐嗎？其實，將冷飯加熱到最好吃的道具，就是「日式蒸籠」。日式蒸籠的特色，就是有一般用在沉重羽釜（譯註：為了架在灶上兩側稍微突出的釜鍋，突出的部分就像羽翼，因此稱為羽釜）上的蓋子，以及相對較深的蒸籠。

冷飯直接放在碗裡，就能蒸熱。如果是用保鮮膜包起來，或是裝在保鮮袋冷凍的白飯，加熱前先放在室溫下稍微解凍，再將白飯拿出來放進蒸籠裡。雖然比使用微波爐多花點時間，但好吃的程度就像現煮的一樣。木屋蒸籠上接合處使用的櫻皮，目前在日本國內只剩下奈良縣一間批發商才有。櫻樹皮要是由外行人來剝取，會導致整棵樹枯死。從小小的結合處也蘊藏著高深的工藝技巧。

木屋的蒸籠是由大川良夫師傅打造。大川蒸籠店同時也製作了相撲舀取力水時使用的相撲柄杓。大川師傅還製作成田山新勝寺的神前柄杓，以及NHK大河劇中使用的木桶、蒸籠，可說是全日本最頂尖的工藝師傅。專業料理人崇尚的馬毛網篩，目前日本國內使用手工打造的，就只剩下大川蒸籠店。大川師傅跟他的夫人在日本各地巡迴，傳授織法、材料以及相關知識，不讓這門技術失傳。

閃耀金黃色的銀杏

一直以來，銀杏都被尊為是代表長壽的樹木。

此外，由於不容易燃燒，許多神社佛寺為了防火，在周圍都會種植，也被視為神聖的樹木。《和漢三才圖會》中則記載了銀杏木具有耐久性，加上樹木肌理白皙光滑，用來刻上符印就能召喚鬼神。因此，也有人認為銀杏具有神祕的力量。

銀杏從十五世紀左右就被當成藥材，已知具有改善頻尿、祛痰以及溫暖身體的效果。不過，就像流傳的說法，「吃了一千顆就會死掉」、「不能吃超過歲數的數量」，食用過量會導致中毒，要特別留意家中兒童。

閃耀著金色光芒的銀杏，是一種令人聯想到金銀財寶的食物。

插在松葉上的銀杏，就是「松葉銀杏」這種代表吉祥的食物，也是年菜中必備的一道。

銀杏的葉片外型是吉祥的扇形，在書頁間夾片銀杏葉，具有預防衣魚（吃紙的蟲類）的效果。

引用自《和漢三才圖會》

Ritter 削皮刀

全球第一的經典款削皮刀，是一九〇五年創設的德國老字號 Ritter 公司產品。獲得刀具店木屋的認可，也在店內銷售。

什錦鍋

自江戶時代火盆、鐽子、木炭發達之後，出現了「小鍋立」、「小鍋燒」等，熱鍋料理變得流行，愈來愈多人食用。

蘊藏著包浩斯精神的小小削皮刀

一九〇五年在德國慕尼黑創業的Ritter，最初從磨刀機器開始，並以切麵包機奠定事業基礎。

接著在一九六七年，曾在包浩斯（Bauhaus）的卡爾．迪塔特（Karl Dittert）成了Ritter的設計師。

包浩斯是個專攻設計、美術、攝影及建築的學院。創立於一九一九年，在一九三三年因為納粹的關係關閉，雖然開設的期間很短，對於現代美術及設計卻有重大影響。不僅卡爾．迪塔特設計的電動切刀與電熱壺，Ritter其他產品也傳承了包浩斯的精神，品質與美觀都受到極高評價。

削皮刀是以約一百年前Ritter就有的款式為基礎，進一步開發。無論是蘆筍、小黃瓜、馬鈴薯、水果皮，都能輕鬆又經濟地削皮。

右側的小突起可以用來挖除馬鈴薯的芽眼或損傷的地方，使用起來很方便。

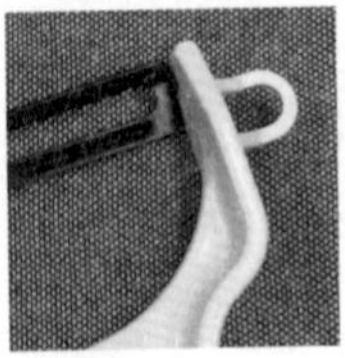

吹起寒風的十月，正是吃鍋的季節

十月下旬，到了舊曆二十四節氣中的「霜降」。也就是露水開始因為低溫變成霜降下的季節。

天氣一冷，就想吃鍋。在日本東北各地舉辦的芋頭鍋大會，也在小芋頭開始收成的十月。

吃鍋時，為了避免陸續放入冷的食材導致湯汁溫度下降，建議使用導熱效果好的鋁鍋或銅鍋。像是京都的權太呂，或是博多的大福，這些老字號餐廳裡的鍋，大多使用以鐵鎚搥打出凹痕的銅鍋或鋁鍋。

鋁跟銅的導熱性很強，具有立刻升溫，並且加熱均勻的優點，但缺點就是質地較軟，很容易損傷。

因此，藉由搥打的凹痕來補強，以增加表面積來進一步提高熱傳導率，這些巧思就是搥打鍋的厲害之處。

「新生兒洗澡用鍋子燒的熱水來洗，就會長得健康強壯。」「用鍋子罩著小孩子，身體就會健康」類似這種習俗，都令人相信，鍋子不但是料理基本道具，也蘊藏著不可思議的力量。

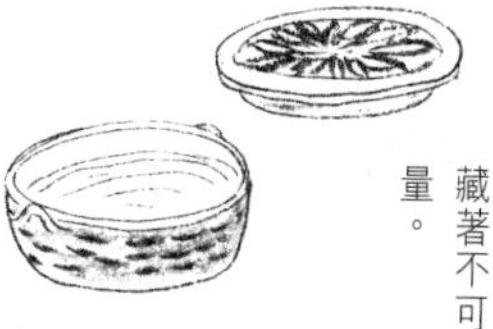

去骨泥鰍鍋
引用自《守貞漫稿》

飯匙

日文裡有「交棒飯匙」、「交棒鍋鏟」的說法，意思就是婆婆把照顧家的責任交給媳婦。由此可知，飯匙是象徵一個家的重要用具。

芝麻炒鍋

炒鍋可以炒豆子、芝麻、銀杏、咖啡豆、麵包，什麼都可以炒。加蓋的小鍋不會讓食材在加熱過程中爆出來，非常方便。

飯匙是代表豐收，以及象徵家的道具

飯匙，日文漢字寫作「杓子（Shakushi）」，另有「杓文字（Shamoji）」這個女房詞。所謂的女房詞，是過去在宮廷中的女性使用的詞彙，會用迂迴的說法來替換，或是在原有的詞上加個「御（O）」或「文字（Moji）」，來代表溫婉有禮。「杓子」是用來盛飯、盛湯的用具，在《和漢三才圖會》上是以「猴子手」（猿ノ手）的名稱出現，但圖示看起來跟現在的飯匙一模一樣。在許多工具都是由中國傳來日本的背景下，「杓子」卻誕生於日本。

在鹿兒島縣跟宮崎縣，於江戶時期塑了很多祈求豐收的「田神」石佛，至今仍會在春天舉辦慶典。田神的模樣是手拿著飯匙，頭上還蓋著一塊墊在蒸籠底的布。飯匙也代表收成好、有飯吃時才用得上的用具，因此是象徵豐收的吉祥物品。

東京日本橋在十月十九日、二十日兩天會舉辦「Bettara市」的活動。「Bettara市」原本是販賣在惠比壽講（祀奉惠比壽神的活動）中招待遊客的食材，「Bettara醬菜」（用糖水跟米麴醃漬蘿蔔）這項著名的土產也因此誕生。惠比壽神是保佑生意興隆的神明，實際上，在西日本則是田神。

引用自《和漢三才圖會》

芝麻的產季在秋天，剛炒好的芝麻有豐富營養價值又美味

市面上買得到新鮮芝麻，日文叫做「洗芝麻」，但炒過的芝麻營養價值高，而且更容易消化、吸收。即使是市面上賣的炒芝麻，在吃之前再炒過一次，香氣更濃郁，吃起來更美味。

芝麻能預防腦梗塞、具備抗氧化作用，能刺激女性賀爾蒙，也富含食物纖維有整腸作用，加上營養價值高，據說每天吃一小匙對身體很好。炒芝麻時要是用平底鍋，加熱下會爆開，噴得廚房到處都是。

專用的炒鍋形狀就像鐵網盒，裡頭的食材不會噴到外頭。由於跟烤網一樣，是直接在爐火上加熱，要是用的不是很仔細以手工打造的產品，一下子就壞了。木屋的芝麻炒鍋是在新潟製造，新潟自江戶時期金屬加工業就很興盛，就連賈伯斯講究的iPod背板研磨，也是發包到新潟的工廠。此外，這個地區是全日本西洋餐具產量第一，還有戶外休閒用品工廠聖地的稱號。

芝麻磨過或切過後的營養價值比較高，但在節慶場合上「磨」、「切」這些字眼都不吉利，所以紅豆飯裡的芝麻習慣都用整顆完整芝麻。

日本橋的甜點

日本橋除了木屋之外，還有很多老字號商店。尤其是甜點，從日式到西式，到處都有歷史悠久的美味名店。在谷崎潤一郎出生、向田邦子經常散心的日本橋，各位不妨也邊吃甜點，邊了解這個地區的歷史。

摩卡霜淇淋

Mikado Coffee日本橋店
東京都中央區日本橋室町1-6-7

創業於昭和二十三年（一九四八），在咖啡風味的霜淇淋上，還添加了梅子乾。約翰藍儂與小野洋子兩夫妻曾多次造訪輕井澤分店。

夾餡鬆餅

東海
東京都中央區日本橋人形町1-16-12

創業於大正元年（一九一二）。在鬆餅皮上用刻有「滋養（JIYO）」的模型烙上字樣。在日本陸續開設西餐廳的時期，「滋養」是最強打的宣傳詞。鬆餅裡夾的是杏桃果醬。

富貴豆

Hamaya商店
東京都中央區日本橋人形町2-15-13

創業超過一百年，電影導演小津安二郎曾在札記中提到這家店，而以《須崎樂園》一書聞名的芥川獎作家芝木好子也將這家店寫進隨筆中。美味的祕訣取決於仍以傳統的柴薪與木炭蒸煮。

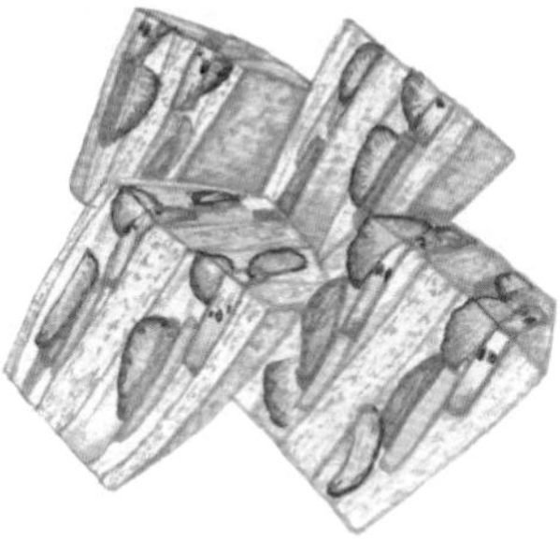

水果三明治

千疋屋總本店
東京都中央區日本橋室町2-1-2
日本橋三井塔2F

創業於天保五年（一八三四），為日本第一間水果專賣店。明治時期開設水果食堂，成為現在水果甜點店的前身。除了水果三明治，其他招牌餐點還有水果聖代、哈密瓜等。

半生菓子

長門
東京都中央區日本橋3-1-3
日本橋長門大樓1F

創業於享保年間（一七一六～一七三五年），是導演小津安二郎也很喜愛的一家店。作家三宅艷子（在《anan》等活躍的作家、編輯三宅菊子之母）曾寫過，「要找好一點的餽贈禮品時，就買長門的半生。」

甘名納糖

榮太樓總本舖
東京都中央區日本橋1-2-5
榮太樓大樓1樓

創業於安政四年（一八五七）。梅乾糖跟金鍔燒，這些草創當時著名的點心至今仍是招牌商品。甘名納糖也是第一代老闆想出來的甜點，據說是甘納豆的元祖。要買盒裝甘名納糖還必須事先預訂。

杏蜜豆

初音
東京都中央區日本橋人形町1-15-6
五番街大樓1F

創業於天保八年（一八三七）。二樓吃得到大阪燒。目前的店面是在昭和三十八年（一九六三）地下鐵日比谷線開通那一年建造的。

烤長崎蛋糕

人形燒本舖 板倉屋
中央區日本橋人形町2-4-2

創業於明治四十年（一九〇七）。日俄戰爭之後有一段因為紅豆餡不易取得，所以才製作這種無內餡的長崎蛋糕人形燒。形狀有鋼盔、戰車、號角、手槍、裝甲車、軍旗、飛機等。

十一月

冬天來了。

二十四節氣中，
前半有「立冬」，
後半則有「小雪」。

想想過去的建築、衣物與保暖設備，
應該會比現在寒冷才對。

可以靈活運用多了巧思的道具，
在用餐時多多取暖。

湯杓

十一月七日是「鍋之日」。舊曆的這個時候正值立冬，氣候一下子變得像冬天。吃鍋時少不了湯杓，木屋的湯杓在製作上對於形狀、材質都很講究。

竹篩盤

十一月是沙丁魚、刺鯧、梭魚的產季。用竹篩盤來盛裝紅燒魚如何？感覺全身都暖起來。

湯杓裡有神明！用來舀熱湯還有吃鍋時的道具

木屋的湯杓是用厚朴做的。

厚朴因為沒有異常的木材高纖細胞，因此容易切割，還有不太會發生彎曲及裂開、變質的特色。質輕、耐用，就算放進鍋子裡也不容易燒焦的厚朴，很適合用來製作湯杓。

杓子是自古就有的用具，在《和漢三才圖會》中的「大杓子」插圖，就跟木屋的湯杓一模一樣。此外，奈良時期生病的元正天皇，在滋賀縣多賀大社的住持獻上什錦飯糰與杓子之後，天皇的疾病竟然痊癒，多賀杓子就被視為吉祥物來供奉，也有傳說這就是湯杓的元祖。

話說回來，杓子是以年節裝飾的「杓子結」為象徵，本來就是代表吉祥的用具，據說湯杓裡還有神明。在新春時期，記得在廚房（灶神）、水井（水神）、廁所、工作場所擺上杓子結裝飾。

湯杓的日文漢字寫作「玉杓」，日文中的「玉」有「雞蛋」的意思，湯杓就是將木材挖出雞蛋的形狀。日本的木工工藝就從這項技術開始。

引用自《和漢三才圖會》

日式的Poissonnière（魚鍋），容易將紅燒魚從鍋子裡取出的竹篩盤

法國有種叫「Poissonnière」的鍋子，外型細長，可以放得下一尾魚，裡頭還有一層撈網，可以將整條魚完整取出來，非常方便。

香頌歌手石井好子將她在日本尋找於法國看到的魚鍋的小故事，寫成隨筆（《我的小小寶物》河出文庫）。

現在日本也能買到魚鍋，但就算來到日本第一的廚具用品街——東京都台東區的合羽橋，也沒幾間隨時有庫存的商店，要調貨的價格也很高。

不過，沒買魚鍋，在日本還是有竹篩盤這個方便的用具。就像懷石料理老店「辻留」的辻嘉一氏在《料理的示範》（中公文庫）所介紹的，在紅燒菜下墊一層竹皮或竹篩，是自古就有的作法。即使要跟食材一起燉煮，使用日本國產的竹子就能安心（木屋用的是佐渡的真竹）。

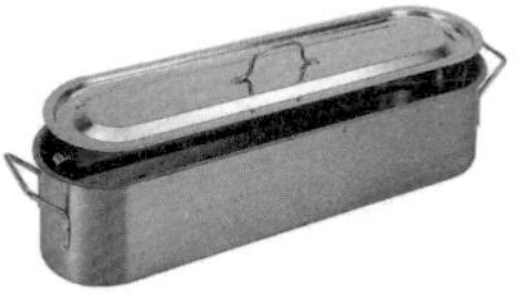

Poissonnière

法國的Poissonnière（魚鍋），大尺寸的甚至長度達六十公分。

溫酒壺

十一月二十三日是慶祝收成的新嘗祭。供奉用新米釀造的黑酒白酒，感謝神明。

研缽

在過去顆粒味噌為主流的時期，研缽和磨棒是家家戶戶的必需品。在歌舞伎的《菅原傳授手習鑑》及《夏季浪速鑑》裡也有用研缽磨味噌，做味噌湯的情境。

用溫飲來享用 十一月的冷卸酒

燗酒，就是溫酒。過去在平安時代的朝廷，從每年的九月九日到隔年的三月三日有享用燗酒的習慣。每年十一月，在酒藏中出貨前不經過第二次低溫加熱殺菌的日本酒，就稱為「冷卸」。在店內看到一排的「冷卸」酒，不少人誤會「是要冷飲的酒」，但其實以溫燗（四十度C～四十五度C）飲用更加美味。

溫酒壺是用來溫酒的器具，過去會塞入地爐的溫暖灰燼中加熱。日本酒最好喝的喝法，就是用隔水加熱的方式，能夠保持酒的風味。木屋的溫酒壺，使用的材質是迅速導熱，且受熱均勻的銅質製作。

錫製溫酒壺的價格昂貴，對一般家庭來說是奢侈品。

在吧台的溫酒器旁陳列一整排錫壺，這就是大阪法善寺橫町的老字號料亭正弁丹吾亭著名的景象。正弁丹吾亭也出現在織田作之助的《夫婦善哉》一書。

《守貞漫稿》（一八三七年）中介紹了江戶時期以銅製溫酒壺來溫酒，在京都、大阪則稱為「Tanpo」。跟現在的溫酒壺外型完全不同。

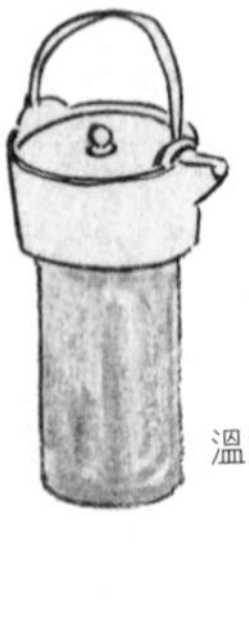

溫酒壺。引用自《守貞漫稿》

十一月進入山藥的季節，山藥泥是象徵長壽的食物

研缽最重要的是在強力摩擦下也不會裂開的硬度，以及優良的耐水性。木屋的研缽使用的是以硬度及耐水性見長的岐阜縣高田燒（美濃燒的一種），酒壺跟甕都很有名。此外，說到研缽的基本款，就是來待釉的紅褐色。由於這個顏色僅使用來待石來製作，不用擔心摻入有害物質，能夠安心調理食物。

十一月是山藥與日本山藥的產季，富含酵素與食物纖維的山藥泥，自古就被視為長壽的食物，也是代表好兆頭的食物。佐賀縣十一月祭神的「唐津Kunchi」期間，在第三天吃山藥泥來祈求長壽，這個習俗就稱為「三日山藥泥」。過去還有地爐的時代，據說每年在一月二日都有在自在鉤與玄關塗上山藥泥的習慣。其實到了現在，在日本東北地區、北關東，以及信州等地的居民，仍保持一些習俗，像是每年第一次用硯台磨墨提筆寫字的一月二日，當天還會吃山藥泥，以及一月三日會吃調味山藥泥來祈求長壽。

據說山椒木做的磨棒比較好。質地並不會太軟，不用擔心跟食材一起消耗，卻也不會硬到傷害研缽。此外，葉子還能食用，並帶芳香，就某些角度上可說是最理想的材質。

引用自《北齋漫畫》

平底鍋

天氣轉涼且乾燥的十一月，是容易罹患感冒的季節。蛋白中含有的溶菌酶，具有殺菌及提高免疫力的效果，能夠預防感冒。

水盆爐

相較於過去還要祭祀灶神的時代，現在加熱的方式變得多樣化，但不變的是將用火調理出的餐點與眾人分享的心意，這就是最誠摯的款待之情。

平底鍋是近年來才變得普遍的廚具

隨筆作家森田玉曾在作品中寫到，明治四十二年（一九〇九）的日本，平底鍋尚未普及到一般家庭。明治時期的熱門報載小說《食道樂》，曾刊登用平底鍋做可樂餅的食譜，但當時平底鍋是只有上流社會家庭才買得起的廚具。導熱快，而且能夠保溫，加上可均勻加熱，調理美味餐點的鑄鐵平底鍋，缺點就是太重。木屋的平底鍋雖然是鑄鐵材質，拿起來卻很輕，用的是球墨鑄鐵這項新技術。

此外，法國畢耶（de BUYER）、德國Turk，以及法國Matfer等歐洲各家老牌生產平底鍋的公司，雖然都在十九世紀左右成立，但在此之前人們就用各式各樣的方法來煎荷包蛋。在文藝復興後期的西班牙畫家維拉斯奎茲（Diego Velázquez）的畫作〈煎雞蛋的婦人〉（一六一八年）中，用的是小砂鍋，而法國詩人尚·考克多（Jean Cocteau）喜愛的荷包蛋則使用塗有焦香奶油的瓷盤來製作。

昭和三十六年（一九五一），在日本厚生省的指導下，推行「一天一回平底鍋運動」。主要宗旨是在戰後缺乏糧食的時代，一天一次使用高熱量的油脂來做菜，藉此增強體魄。由此能清楚得知，當時平底鍋還不算每天使用的普遍鍋具。

《考克多的餐桌》講談社
（雷蒙·奧利佛著，尚·考克多繪圖）

白洲正子最喜歡在水盆爐上放只土鍋蒸烤松茸吃

自古以來，熱騰騰的食物就是最棒的佳餚。之所以習慣以剛煮好的白飯來供奉神明，也是這個緣故。

現在有很多方便的工具，像是卡式瓦斯爐、電熱盤之類，但過去使用炭火的「水盆爐」可是項劃時代的工具，讓全家人能圍坐在餐桌，享用熱呼呼的食物。

水盆爐是在裝有燒熱木炭的陶盆下方，墊著水盆使用。陶器雖然不如「七輪」（小烤爐）這麼耐熱，但可以水洗，火力又不會過強，加上器具的顏色與圖案賞心悅目，都是受歡迎的地方。

隨筆作家白洲正子，非常喜歡伊賀土樂窯的福森雅武製作的水盆爐。在她的長女牧山桂子的著作《白洲次郎．正子的餐桌》（新潮社）裡提及在白洲正子喜愛的水盆爐放上土鍋，鍋裡蒸著松茸跟松葉，這道她最愛的食譜。

在祀奉火神、水神，以及廚房灶神的海雲寺（東京都品川區）中，每年的十一月與三月會舉辦千躰荒神（灶神）祭。祭典中最著名的就是釜鍋造型的米糕。荒神祭熱鬧的模樣，在川島雄三導演作品《幕末太陽傳》（一九五七年）也忠實重現。

釜糕

菜刀的隨筆集

各位是否覺得，平常好像沒什麼機會能問問其他人用的是什麼樣的菜刀呢？不過，還是不免對那些廚藝精湛的人所使用的菜刀感到好奇。

大家都有幾把菜刀？是西洋菜刀嗎？還是日式菜刀？

即使讀一些料理名家的隨筆集，也很少有人會列出自己使用的菜刀清單。會寫出來的似乎都是對菜刀特別講究的少數人。

下面介紹六本跟菜刀有關的隨筆集，以及在書中出現令人印象深刻的料理。每一本書都可以在挑選菜刀時當作參考。

中江百合
《料理四季》

（Graph社）※已絕版

作者是料理研究家，同時也是女演員東山千榮子的妹妹。她推薦的菜刀至少要有一把切肉牛刀、切菜刀，以及切魚的出刃。她曾在書中寫道，「沒幾道比醋拌小黃瓜困難的料理。」

幸田文
《補增　幸田文　對話》

（岩波現代文庫）

小說家幸田文的對談集。與廚師田村魚菜、辻嘉一等人聊菜刀的篇章非常值得一讀。據說從做涼拌菠菜時，看菠菜的切法就能知道一個人是否通情達理。

寬仁親王妃信子
《四季家庭料理熟食 80 道》

（知惠之森文庫）※已絕版

作者是彬子女王、瑤子女王的母親，也就是前首相麻生太郎的妹妹。她擁有出刃、小出刃、切菜刀、刺身刀、薄刃刀、牛刀，一應齊全，是個正規派。這麼講究的作者，跟廚藝精湛的祖母學習到的年菜就是雙色蛋。

向田邦子
《女人的食指》

（文春文庫）（中文版由麥田出版）

小說家，同時也是隨筆作家的向田邦子，在書中刊載一篇她在人形町購買日式菜刀的經過。此外，以「檸檬蜜地瓜」等菜色著名的小酒館「媽媽屋」的經營趣事也很精彩。

澤村貞子
《我的廚房》

（光文社文庫）

對女演員澤村貞子來說，拿起菜刀做菜是一種紓壓的方式。擁有切菜刀、刺身刀、柳刃（比刺身刀更細長）、出刃、小出刃、牛刀、薄刃刀等齊全樣式的她，做出的「三層自製便當」看起來真的很美味。

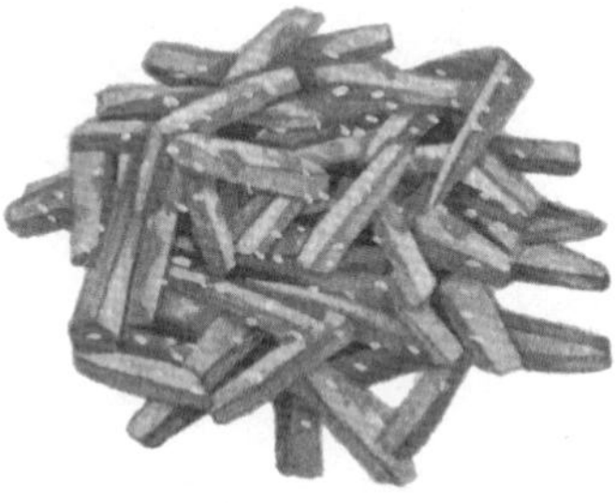

立原正秋
《立原正秋全集》

二四卷（角川書店）※已絕版

收錄隨筆集《我的菜刀集》。作者推薦的有切菜刀、出刃、刺身刀。砧板有硬木跟檜木兩種。其中還介紹了紅燒蘿蔔絲等菜色的作法。

十二月

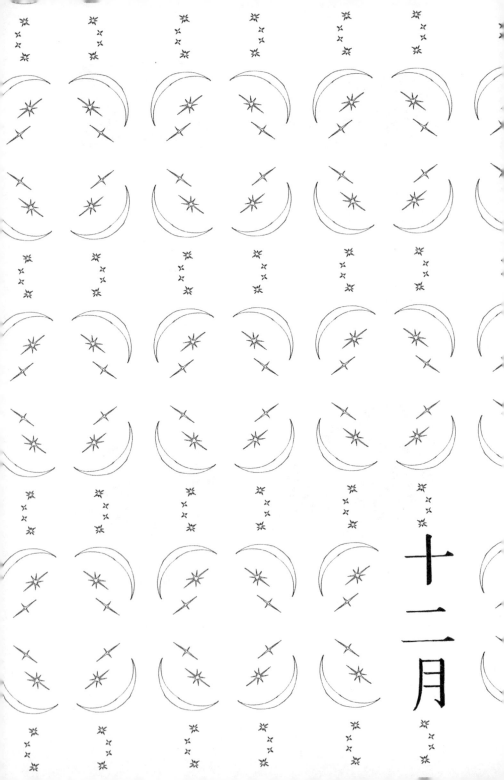

十二月二十二日是冬至。

或許這是一年之中夜晚最長的日子吧，
全世界流傳各種傳說，
像是這是「最接近死亡的日子」，
「會有散布疾病的惡鬼降臨」，
以及「亡者的鬼魂、魔女、惡魔即將出現」等。

因此，也流傳了許多
祈求平安、身體健康的習俗。

蕎麥麵盤

蕎麥的產季是十二月。木屋的蕎麥麵盤下方的竹簾，是在以竹工藝著名的大分縣製作。

外輪鍋

外輪鍋因為比較淺，很適合熱炒，而且可以用少量湯汁來燉煮食材，在收乾湯汁時也很方便。此外，拿起整只鍋子在爐火上搖晃，食材也不會溢出。

去厄運，招財運，吃吉祥的蕎麥麵來跨年

十二月是蕎麥的產季。但為什麼日本人在除夕夜要吃蕎麥麵呢？這個習俗又是從何時開始的？其實並不清楚。

不過，蕎麥麵確實是代表吉祥的食物。例如，「就像容易切斷的蕎麥麵一樣，斬斷一年來的苦勞與厄運」、「願壽命如同蕎麥麵一樣長」、「打金箔時用的是蕎麥粉，可以讓金箔延展性更好，不容易斷掉」、「削金箔時會用蕎麥粉做成的丸子來收集散落的金粉，因此蕎麥有聚財的象徵」等，帶有這類的含意，因此成為在最後一刻為一年劃下句點的食物。

現在這種將蕎麥麵切成細長形狀食用的習慣，是從江戶時期開始。沿襲過去放在蒸籠裡蒸熟來吃的煮法，現在蕎麥麵也用盛在蒸籠裡吃。至於比蕎麥麵擁有更悠久歷史的跨年美食，有青魽和鮭魚，這些都稱為「跨年魚」。

江戶時期，每年十二月十三日訂為「拂煤日＝大掃除日」，代表從這一天正式準備迎接正月來臨。大掃除完成後，會拋舉成員慶祝，還會吃大餐慰勞。掃除後的大餐中，少不了的就是鯨肉湯。也就是用醃漬鯨肉做成味噌湯或清湯。

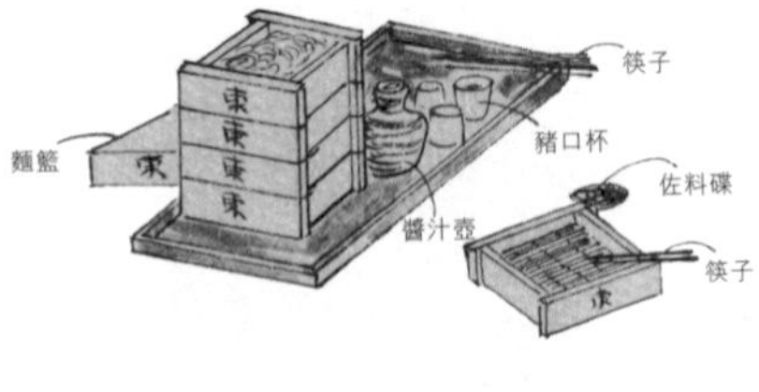

引用自《守貞漫稿》

日本料理師傅將法國鍋具「sautoir」稱為外輪鍋

用來熱炒的法國片手鍋，就叫做「sautoir」。

當初剛使用這款鍋子的日本料理師傅，覺得烹調和食時用「sautoir」聽起來很怪，於是將其稱作「外輪鍋」。

順帶一提，在大正到昭和這段時期擔任天皇御廚的秋山德藏，在他的隨筆集中將「sautoir」寫作「soutoa鍋」。

十八世紀，在法國料理界誕生的新觀念，就是做每道菜應該要使用適合的鍋具，因此有「casserole」（有鍋蓋的雙耳鍋）、「braisière」（燉鍋）等。「sautoir」也是在這個背景下誕生的。

十二月二十二日是冬至，一年之中夜晚最長的一天。

習俗上食用南瓜、蒟蒻、銀杏，這些在日文唸起來帶鼻音的食物，還有紅豆粥，都能預防疾病，招來福氣。不妨使用外輪鍋來做些好吃的紅燒菜。

「大隅伯爵府　廚房一景」
引用自《食道樂・春之卷》

在《食道樂》一書中也看得到廚房裡頭掛著煎炒平底鍋、醬汁平底鍋等西方鍋具。當時在鹿鳴館、帝國大飯店、精養軒都已經有正統的法國料理。

山葵磨泥板

江戶後期的浮世繪繪師山東京傳，在《近世奇蹟考》中介紹的山葵磨泥板，是鎌倉時期武士所使用的，跟現在所用的完全不同，呈方形小盒子的外型。

壽喜燒鍋

木屋的壽喜燒鍋，兩側把手用的是和茶釜上同樣的金屬環。持續使用之下，鍋子肌理散發黑色光澤，變成不易生鏽的鐵。

唯一原產於日本的佐料，使用山葵磨泥板能更突顯辛辣味

磨山葵泥不要用銅製磨泥板，要用山葵專用的磨泥板。

山葵磨泥板有鯊魚皮材質，也有陶器做的。現在木屋賣的就是陶土材質。

因為銅製磨泥板的磨齒太利，無法突顯山葵的辣味與香氣。

先像削鉛筆一樣，把葉子削掉，接著從帶著葉子的那頭以畫圓的方式，在板子上緩緩磨泥。

山葵雖然全年都可採收，但天冷的季節更添辣味。十二月正好進入產季的蕎麥麵，少不了山葵相佐。《和漢三才圖會》中也提到「蕎麥麵的佐料中，山葵不可或缺！」

京都府南丹市美山町有個習俗，為祈求獵熊過程平安，從每年的正月到四月不採集也不食用山葵。由此可知，寒冷季節中的山葵有多好吃，美味到讓人可以拿來許願，換得獵熊過程的安全。

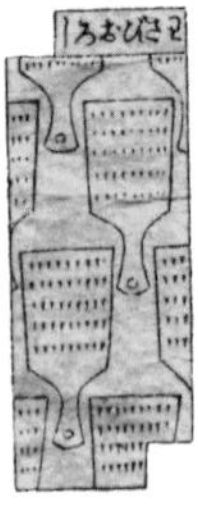

山葵磨泥板的紋路
引用自山東京傳繪製
「京傳工夫小紋形」

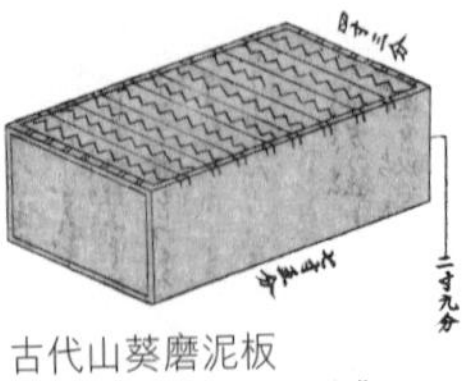

古代山葵磨泥板
引用自《近世奇蹟考》

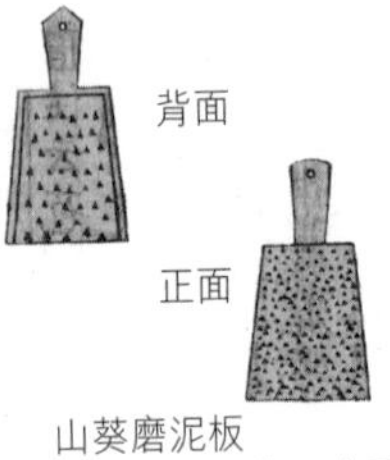

山葵磨泥板
引用自《和漢三才圖會》

傳統的鑄鐵鍋，突顯壽喜燒的美味

十二月是大蔥、牛肉的產季，也是壽喜燒最美味的季節。

電影導演小津安二郎生長的地方就是以松阪牛聞名的松阪，號稱「正宗」，最拿手的料理就是壽喜燒。小津導演做壽喜燒時會依序將大蔥、蒟蒻絲、豆腐、牛肉這幾樣食材整整齊齊排放在鐵鍋裡，調味走東京傳統風格，就用醬油跟砂糖。他把壽喜燒當作下酒菜，喝完酒，最後在鍋裡加入咖哩粉配飯吃。

厚鐵鍋導熱緩慢，能更加緩緩帶出食材的鮮美。不僅壽喜燒，用來煎漢堡和煎餃，也有不同的美味。鑄鐵材質的鍋具，清洗時不要用清潔劑，單用鬃刷來洗即可。由於清潔劑會滲透到鍋子裡，如果要用清潔劑的話，記得要挑選自然材質的，而且一定要用水沖乾淨。要是有沾在鍋子上不容易清掉的汙漬，可以用免洗筷子刮掉。

江戶時代幾乎家家戶戶都使用鑄鐵鍋。木屋的壽喜燒鍋來自岩手縣奥州市水澤地區，這裡也是擁有約九百年歷史的鑄鐵產地。

在小津導演的作品《麥秋》、《東京物語》、《早春》中都出現了壽喜燒。在其他的日本電影名片，像是《飯》、《浪華悲歌》、《放浪記》、《夫婦善哉》等，也都能頻頻看到出現壽喜燒。加山雄三飾演的「若大將系列」，老家也設定為壽喜燒專賣店（田能久），劇集在幾間東京壽喜燒老字號像是今半、日山，以及米久等店拍攝。

菜刀跨年

在拂煤日當天有個習俗，就是要特別仔細在火爐上掛著鍋子的自在鉤。每年到了十二月，要心存感激，好好保養平常使用的各項廚房用具。

抹布

木屋的抹布使用的是未經脫色、染色處理的伊勢木棉。由於製作過程完全未使用到化學藥品，無論是過濾食物、或直接覆蓋食物，都很放心。

感謝一年來辛勞的各項道具，在煥然一新的心情中迎接新年

昭和時期，每到了買新菜刀的時期就是一年即將結束或開始。百貨公司的廚具用品賣場裡堆積如山的菜刀，以及為了採購新菜刀的大群女性消費者。這是在過年期間才看得到的情景。有些家庭在過年前買了新的切菜刀，用銳利的菜刀切年糕，做年菜。有些家庭則是在正月三日之後，以全新的心情來使用新的菜刀。過去連菜刀都會跨年。歲末時節，也有對一年來辛勞的各項器具表達謝意的習慣。

十二月八日的「針供養」，也是讓針線活先休息，告一段落，並且會將折斷的針插在豆腐或蒟蒻上供奉，祈求未來縫紉技術更精進。此外，過去各項生活用品也有過年的觀念。在除夕當天會將務農或入山工作的所有工具排放好，用紅淡比的葉子沾神酒灑在工具上；在日本全國各地也有像是供奉菜刀、鍋、釜等，或是綁上代表潔淨、神聖的注連繩，各有不同工具過年的習慣。

以年底為舞台的落語《芝濱》，主角是魚鋪老闆。魚鋪裡最重要的生財工具就是飯台和菜刀。故事中的老闆是個愛喝酒的醉鬼，老闆娘倒是精明幹練。歲末時節，老闆娘打著老闆屁股，要他認真一點，把飯台裝滿水，再把磨好的菜刀插進蕎麥殼堆裡。當時為了避免菜刀生鏽，會將菜刀插到吸水性強的蕎麥殼堆中收好。

白色抹布讓人有好心情！讓抹布常保清潔的小祕訣

十二月因為需要大掃除，抹布出場亮相的機會也特別多。

木屋的抹布用的是未經過脫色、染色處理的伊勢木棉。由單線輕輕撚出，採用明治時期就使用的織機平織而成。可以試著從剪開的抹布一端抽一條線，應該很容易就能拉出來。因為是以這種單線平織的方式製成，具有速乾、良好吸水性及透氣性等優點。

抹布是理所當然會弄髒的用品，但總希望能盡量維持潔白乾淨，用起來也舒服。要保持清潔，可以將抹布放進加有小蘇打的熱水中煮，或是加入肥皂水中煮，勤加清洗。要學習廚房高手的話，首先必須要常備大量的抹布，勤加清洗、勤加替換，就是常保清潔的訣竅。

女明星澤村貞子曾在隨筆集中寫過，她一天要使用四十條抹布（《我的廚房》光文社文庫）。

在物質不富裕的時代，用刺繡來補強抹布，延長使用壽命是很重要的方式。刺繡的圖案有萬字形、龜甲形、四鱗形、麻形、三段菱、七寶等，都是代表吉祥的圖案。

○抹布刺繡圖

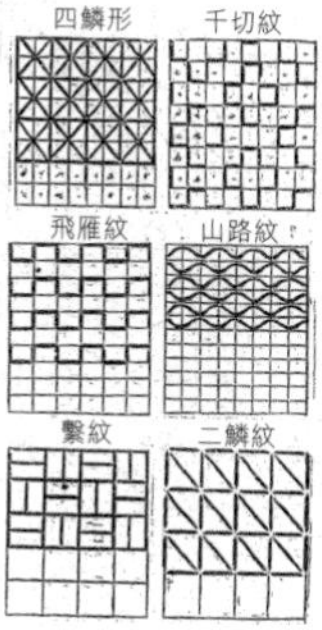

抹布刺繡圖
引用自《裁縫指南》

優質菜刀

一般家庭中如果想備齊幾把稍微好一點的菜刀，只要有「切菜刀」、「薄刃刀」、「中出刃刀」、「牛刀」，其實就很夠用。喜歡吃生魚片的人，可以再多一把「刺身刀」（生魚片刀），如果想輕鬆處理沙丁魚這類小型魚，有把「鯵切刀」（小魚刀）會很有幫助。

切菜刀

用來切蔬菜很方便。筆直的刀刃，兩面刃且具有一定厚度，很適合用力按著蘿蔔、蕪菁、紅蘿蔔等根菜類切。

薄刃刀

單面刃，刀刃比切菜刀來得薄，適合更纖細的作業。在用來切皮，或是切細絲時，暢快到令人不可思議。

牛刀

不僅用來切肉很方便，也可以拿來切蔬菜，是把萬用西式菜刀。除了日式菜刀之外，常備一把牛刀會方便許多。

如果還想多擁有一把……

中出刃刀

若想吃到美味的魚鮮，首先要有一把中出刃刀。小自沙丁魚，大至鰹魚都能料理，還可以用來片生魚片。

刺身刀（生魚片刀）

擁有一把刺身刀，在自家也能切出外型美觀的生魚片。買一整塊魚回家，光是用刺身刀自己切片，也能體會到有截然不同的美味。

鯵切刀（小魚刀）

由於經過「黑打」處理（譯註：菜刀在鍛燒後僅打磨刀刃附近，保留刀身的黑色氧化鐵），比中出刃刀不易生鏽，價格也便宜。推薦給想要輕鬆料理沙丁魚、秋刀魚這類小型魚的人。

一月

「啓用砧板」、「啓用菜刀」，這些都代表新的一年開始。

連一些已經用了很久的廚房用具，在新的一年也將以全新的心情來使用……

這些話都代表了希望長期珍惜這些道具的情感。

此外，過去大家習慣在過年前後新購菜刀與砧板。

一到新年，就拿出年前先買好的新菜刀、新砧板來使用。

這個令人神清氣爽的習慣，似乎感覺平日熟悉的廚房展現一番新風貌。

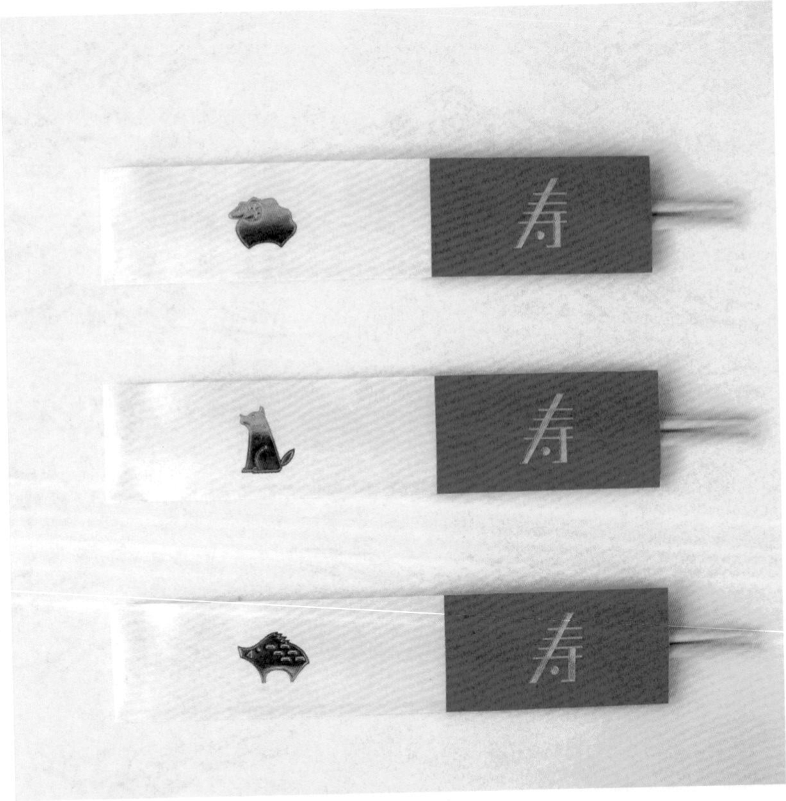

祝筷

新春是特別的日子，該使用祝筷。祝筷是用柳木製成，木屋的祝筷特別使用質地白皙美麗的日本國產燈檯樹。

開鏡

新年前三天有個習俗，就是不動菜刀。江戶時期，達官貴人家庭在一月十五日會有個啟用菜刀、砧板的儀式，表示年節過完，可以開始使用菜刀與砧板。

正月期間使用特別的筷子，小道具也能讓人改變心情

過年有個習俗，就是使用裝在筷袋中的祝筷，筷袋上還會寫著自己的名字或繪有自己的生肖。

祝筷不只在過年時使用，舉凡節慶或是祝賀的正式場合，都少不了。長度為八寸。是個代表吉祥的數字，換算約為二十四公分。

祝筷使用的是不容易彎曲且肌理白皙的柳木。柳樹是春天最先萌發新芽，代表好兆頭的植物，潔淨的白色肌理據說有驅邪的作用。

新年時使用祝筷，過去習慣用到正月十五日，近來則只用三天，或是不少家庭會用到吃七草粥的正月初七。

祝筷兩端細長的「兩口」，代表一側讓神明使用，人與神一起享用慶賀的餐點。沒有任何稜角的圓潤筷型，在中央稍粗，象徵裝滿的米袋，也就是日文中說的「俵形」。一雙祝筷到處都蘊含著喜慶之意。

祝筷的收放方式有很多，每個家庭或每個地方的習慣都不同。有人會在用餐後洗好放回筷袋中，也有人吃完飯就扔掉，下一餐飯再換一雙全新的祝筷。過去在日本各地有在一月十五日用祝筷吃粥的習慣，吃完把筷子插在田裡，然後焚燒。此外，吃年糕湯時有很多地方會使用栗子樹枝削成的筷子（將兩端樹皮削掉，露出白色部分）。

武將家的習俗是開鏡時不用菜刀

新年期間在家中放置鏡餅，是自古就有的習慣，平安時代會在元旦食用鏡餅，有「鞏固牙齒」，祈祝身體健康之意。江戶時代，每個武士之家都會放置鏡餅，成了用來供奉盔甲的「具足餅」。

正月時男性在盔甲、武器前供奉鏡餅，祈求武運昌隆；女性則將鏡餅供奉在映射自己容貌的鏡台前。

具足餅用來祈求武器使用順利，女性則希望容貌美麗，過去供奉到一月二十日會舉行開鏡餅的儀式。但德川家光在四月二十日過世，往後為了避開二十日這一天，現在開鏡都在一月十一日舉行。與武將家庭淵源深厚的鏡餅，由於會令人聯想到切腹，因此開鏡時不用刀，習慣會用木槌或雙手把鏡餅敲開。隨著開鏡，一月十一日在各地的道場也開啟新的一年活動。過去曾有一段時期，每年東京中央警察署開道場時，都會發放一把木屋的菜刀。

發現大森貝塚的摩斯博士（Edward Morse）在旅日見聞（一八七八年）之中也介紹過，「年糕是日本人新年時很喜歡吃的一種食物」，他還比喻，就像美國人會在感恩節或耶誕節吃果餡派或南瓜派之類的食物。文中還附了素描的圓鏡餅，上方疊著方方的菱餅。但在宮廷裡的正式鏡餅，是在紅白色鏡餅上先疊花瓣餅，然後在疊上紅色的菱餅。

御鏡餅御三寶圖
引用自《駿國雜志》

玉子燒鍋

江戶前的玉子燒會加入魚漿，然後煎成像長崎蛋糕一樣的方形。

粗泥磨板

下野家例（譯註：shimotsukare 北關東地區的鄉土料理，用鮭魚頭、蔬菜碎屑和蘿蔔泥燉煮而成），或是醋櫝（sumutsukari）、shimitsukare、shimitsukari 等其他稱呼，總之要做這種日本自古以來代表吉利的鄉土料理，就少不了粗泥磨板這項道具。

江戸前的玉子燒不加入高湯，也不會捲成蛋捲

年菜裡有華麗的伊達卷，有唸做「錦」的雙色蛋，還有雕成吉祥梅花外型的梅花蛋，這些蛋類料理不可或缺。

不過，這幾道菜色一一做起來很費工，於是有不少人會用厚煎玉子燒來代替。雞蛋本身呈現討喜的金黃色，加上一隻雞能下很多蛋，同時也帶有多子多孫多福氣的象徵。

提到玉子燒，東京有很多很好吃的店，但作法幾乎都是在蛋液裡加入高湯，然後煎的時候捲起來，做成高湯煎蛋捲。

話說回來，高湯煎蛋捲其實是關西風，使用的鍋子是長方形的關西用玉子燒鍋。江戸前的玉子燒不加高湯，特色是加入用蝦、白肉魚或山藥泥做成的魚漿。而且用正方形的玉子燒鍋來煎，煎成像長崎蛋糕一樣的方形（見第１７２頁）。現在想吃江戸前玉子燒的話，最快的方法就是到江戸前的壽司屋。

製作梅花蛋要先做水煮蛋，將蛋黃跟蛋白分開後壓碎過篩。接著將蛋黃塑成棒狀，周圍捲上蛋白，用抹布包起來再扭緊兩端。棒狀的蛋再用五根筷子架住，押成梅花的形狀後，放進蒸籠蒸十五分鐘即完成。

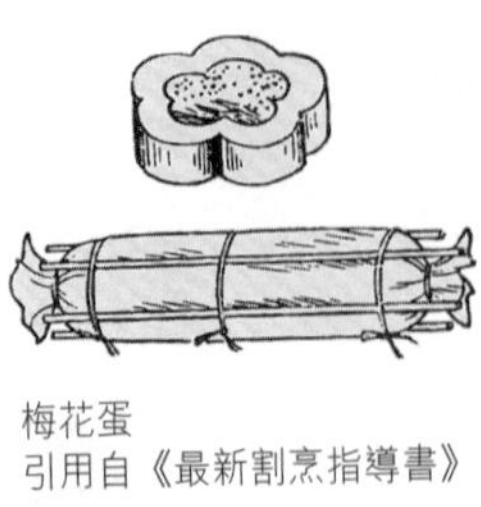

梅花蛋
引用自《最新割烹指導書》

做下野家例、雪花鍋時必備的道具

粗泥磨板，相較於一般磨泥板可將蘿蔔磨成粗泥。

粗蘿蔔泥跟豆腐、年糕還有雞肉一起煮的「雪花鍋」，最是美味。此外，製作北關東地區的鄉土料理「下野家例」時，也少不了這項器具。「下野家例」是用炒過的黃豆，加上剁碎的鮭魚頭、酒粕、蒜片、油豆皮絲，以及蘿蔔泥燉煮而成。這是初午日時習慣供奉稻荷神以及道祖神的神聖食物。

十三世紀左右編輯的《宇治拾遺物語》中，也提到近江淺井郡的官員炒黃豆淋上醋，做成下野家例，這種叫做「sumutsukari（醋憤）」，還說要趁著淋醋，黃豆的外皮會變皺，比較容易用筷子挾起來。粗泥磨板是自古以來就有的用具，江戶時代後期出版的《江戶名所圖會》中刊載的「古製山葵擦」，就跟現在的粗泥磨板外型相同。

《宇治拾遺物語》中的「sumutsukari」的故事其實還有後續，一名僧官宣稱，即使黃豆外皮沒有變皺，他也能用筷子挾起丟過來的豆子吃掉，官員壓根不信，僧官便說，如果真辦得到，就要官員建造戒壇。於是官員拋擲黃豆，僧官竟也真的用筷子全數接住吃掉，官員立刻全體總動員，打造戒壇。光是想像丟擲豆子用筷子接起吃掉的情景，就感到歡樂無比。「sumutsukari」在其他的《喜遊笑覽》、《古事談》等文獻中也出現過。

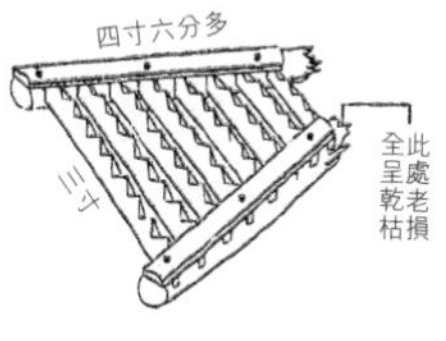

古製山葵擦
引用自《江戶名所圖會》

行平鍋

想要在餐桌上吃剛煮好熱呼呼的粥品或豆腐，於是有了平行鍋。這個名稱原本指的是蓋子跟容器使用相同的材質，且同時具有鍋嘴跟把手的鍋具。

鬼簾

做伊達卷要用的工具就是鬼簾。武將社會的江戶時代，在新年時期也心繫國家發展與安康。伊達卷、昆布卷，象徵的都是書卷，也代表文化的發展。

七草粥的前一晚，放置七種道具，祈求平安健康，祛除邪氣

正月初七是「人日」，和三月三日、五月五日一樣，都屬於「五節」之一。據說在正月初七這一天，吃了七草粥就能驅除邪氣，常保平安健康。

春天的七草分別是：山芹菜、薺菜、母子草、繁縷、寶蓋草、蕪菁、蘿蔔。把這些材料在前一天，也就是正月初六排放在砧板上，唱著歌謠打拍子，一邊用菜刀輕敲許願。敲打的工具因地而異，有些地方用杓子、研磨棒，也有地方會將菜刀、炭挾、研磨棒、杓子、銅杓子、調理長筷、釜鍋蓋等七項道具排成一列。

嘴裡唱的歌謠也有很多，像是「七草薺菜，趁著大唐惡鳥尚未飛來日本土地……」等，大多都在祈求驅除對農作物有害的鳥類。

正月七日也有另一個新年首次剪指甲的習俗，取清粥上層的湯液來擦拭手腳的指甲，據說有預防疾病及驅除邪氣的作用。

江戶時代，將軍家也會食用七草粥，將軍夫人先用草上的露水沾溼了雙手，再切碎七草食用，這也是過去的習俗。

七種粥。引用自《繪本江戶爵》

用鬼簾做出華麗的伊達卷

伊達卷，是過年期間特別的食物。

作法就是用鬼簾捲起玉子燒。名稱的典故是日文裡稱注重打扮的人為「伊達者」，因此華麗的金黃色玉子燒就被稱為「伊達卷」。據說原本是卓袱料理（譯註：有別於每人各自小分量的傳統日本料理，而是每道菜一大盤，眾人圍坐圓桌分食，類似中菜的桌菜）中的一道菜色。製作鬼簾，需要比較粗且堅固的竹子。木屋的鬼簾使用的是熊本產孟宗竹，磨平之後泡在熱水裡，就能避免變色。孟宗是一位中國著名的偉人，最為人知的就是他對母親的孝行，以及出身貧窮仍能出人頭地。因為年邁的母親想吃竹筍，孟宗便到雪地裡挖竹筍，孝感動天之下，在隆冬竟然也長出竹筍，這些竹筍就取名為孟宗竹。

大正、昭和時代的料理書籍上，將高湯煎蛋捲，以及用薄蛋皮來取代海苔的長卷食物都當作伊達卷。捲起來的玉子燒原本就是外觀華麗、代表吉祥的食物。

目前主流的伊達卷會加入蝦及白肉魚做成的魚漿，再以砂糖、味醂調成口味較甜的蛋液，煎成厚厚的玉子燒再用鬼簾捲起來。

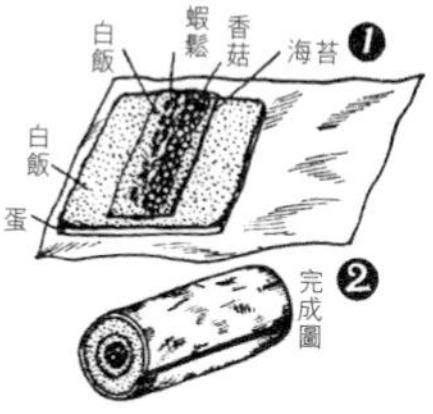

（第二十二圖）伊達卷的作法

伊達卷
引用自《壽司與飯類變化的作法》

江戶前玉子燒

前首相麻生太郎的舅舅，也就是小說家、英國文學家吉田健一，曾在〈江戶前煎蛋〉這篇短文中寫道，江戶料理的玉子燒「是現在已失傳的煎蛋」（《我的食物誌》，中公文庫）。

「口味濃郁」、「味道甜」，就是江戶玉子燒的特色。

究竟是什麼樣的味道呢？

這裡介紹傳承自江戶前壽司屋的食譜，嘗試使用正方形的江戶前玉子燒鍋來製作看看。

1

磨山藥泥

要讓玉子燒像長崎蛋糕一樣膨鬆，就要加入山藥。先用磨泥板磨成泥之後，再倒進研缽裡磨到滑順。

2

加入蝦漿

把鮮蝦加入研缽裡磨到滑順。跟先前磨好的山藥泥拌勻。用鯛魚、鱈魚之類的白肉魚來取代鮮蝦也很好吃。

3

加入蛋液

把打散的蛋液加入山藥泥與蝦漿中。用磨棒均勻攪拌，讓蛋液充分混合。加點醬油、味醂、砂糖跟酒來調味。

4

用玉子燒鍋來煎

在正方形的江戶前玉子燒鍋中倒入油，將所有材料拌勻後倒入鍋子裡，小火慢煎約一個小時。蓋上木鍋蓋，比較容易讓裡頭也熟透。

5

等候邊緣煎到變色

小火慢煎到邊緣慢慢變成褐色。要隨時注意火候，讓邊緣不要煎到焦，煎到裡頭的蛋液全熟凝固。

6

倒置煎鍋取出

內層也完全熟透之後，將煎鍋倒置到盤子或木鍋蓋上，取出玉子燒。接著讓玉子燒在上下顛倒的狀態放回煎鍋裡，煎到反面也同樣微焦即完成。

二月

月亮從什麼都看不見的新月開始，一點一點，成了滿月，然後再缺。最後又變成什麼都看不見的新月，展開下一個月。

舊曆中新月當天就視為當月的第一天。從舊曆來看，新曆二月的新月就是新年正月。

撒豆子其實是除夕當天該進行「追儺」、「鬼遣」（譯註：兩者都是驅除邪鬼的意思）的儀式。

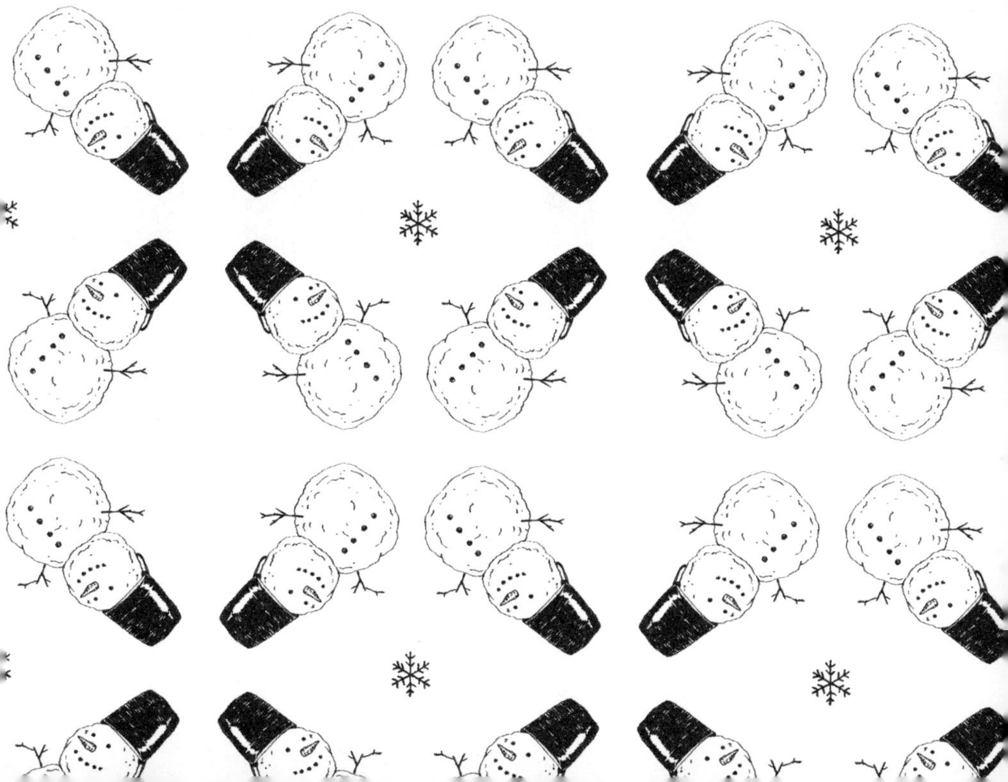

木枡

撒豆子還有開鏡時使用的木枡，是代表吉利的道具。在惠比壽講（每年十月與十一月）習慣會在木枡中裝金錢供奉，有招財納福，祈求居家平安之意。

伊賀燒的土鍋

過去豆腐可以用羽釜之類的鍋具自己在家裡做。每個地方都有屬於當地的豆腐，豆腐也是過年、中元、各個節慶場合中的食物。

依照舊曆，撒豆子是除夕當天一項重要活動

現在每年的二月三日是撒豆子的日子。在過去使用農曆的年代，撒豆子是在除夕當天，也就是迎接新年的前一個晚上舉行。

大家對著扮成鬼怪，戴著鬼面具且身披熊皮的人撒豆子，一邊喊著「惡鬼在外，福氣入內」，代表著迎接新年之前驅除疾病與邪氣。

豆子有「驅魔」的作用，吃的時候一邊祈求萬事平安。

裝豆子的木枡，原本是用來量米的用具，米，也是日本人最重視的糧食。為此，無論是敬神的酒、開鏡的酒，以及祝賀的酒，在飲用時使用木枡，當作神聖的象徵。就像神社、佛閣一定使用檜木打造，木枡也必定使用肌理白皙美麗、木紋筆直的柾目檜木製作而成。其他也有杉木枡，但使用的同樣是木紋美麗的柾目部位。

木屋的木枡也使用柾目木曾檜木來製作，共有一合、五合、一升三個尺寸。

十一月酉之市的吉祥物釘耙，會用寶船、大小金幣、千兩箱、龜面具等來裝飾，代表祈求生意興隆、開運納福的意思。這些裝飾中也有枡杯。

《江戶自慢三十六興 酉之丁有名的熊手釘耙》

所有好的土鍋，在使用前都要先開鍋

木屋的土鍋是伊賀燒。遵循先人「土和釉都要用同一座山上的」這樣的教誨，伊賀的土鍋師傅都以在伊賀採的土，在伊賀採的釉藥來製作。伊賀這塊土地過去是琵琶湖的湖底。從這個地區的地層採集到的陶土具有較好的耐火性，從江戶時代開始就製作出能以直火加熱的土鍋及茶壺。其中木屋的土鍋也使用的黑木節及黑蛙目黏土，其特色就是含有大量炭化的浮游生物等有機質。

這些有機質在燒成時蒸發，成了有細微氣泡的質地，因此土鍋能夠蓄熱，讓食材加熱時慢慢熟透。由於氣泡的孔隙是打開的，直接倒入水會滲透，在一開始使用前要熬一鍋粥或麵粉水來填補孔隙，這個步驟就是「開鍋」。市面上有一些不需特別開鍋的土鍋，是因為使用氣泡較少的陶土，或是在鍋內塗了化學塗料。如果是能夠發揮土鍋特色的鍋子，都必須經過開鍋的步驟。

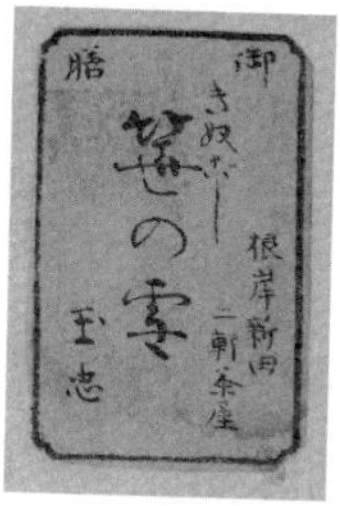

位於台東區根岸的豆腐料理店笹乃雪，是江戶地區首先販賣京都所發明的絹豆富（笹乃雪將豆腐寫成豆富）之餐飲店。

引用自《商牌雜集》

落蓋

京都的三千院，在每年二月上旬都有一場初午煮蘿蔔的盛宴。冬天日本各地都會吃燒蘿蔔，作為消災解厄的習俗。

御事汁

二月初八有個習俗要在屋頂上高掛竹篩，過去江戶地區家家戶戶都會這麼做。據說除了驅邪，還代表接受從天而降的恩惠。

二月的節分當天，要吃招福枡蘿蔔

落蓋是日本料理中獨特的烹調訣竅。

能夠用少量的湯汁均勻熬煮所有食材，而且湯汁不容易蒸發，還能防止食材在大量湯汁中滾動碰撞，出現煮到碎裂的現象。落蓋使用的木材大多是日本花柏。日本花柏很耐水，又不帶特殊氣味，很適合用來製作烹調器具。雖然使用廚房紙巾或鋁箔紙來代替也很方便，但畢竟會直接接觸到食材，還是用天然傳統的用具比較放心。

木屋落蓋所使用的日本花柏生長於木曾，用日本國產紮實的木材製作的落蓋，用起來乾淨又安心，就長期使用來看其實更經濟。

一年之中迎接第一個新月的二月，在過去用農曆的時代是正月新年。在撒豆子的同時也驅邪。驅邪儀式後用餐時，不妨吃個把蘿蔔切成像木枡一樣四四方方的「枡蘿蔔」（又稱為「福枡蘿蔔」）。

枡蘿蔔就是將蘿蔔切成像木枡一樣的正方體，然後把中間挖空，再稍微燉煮。挖空的地方填入些滷豆子或滷蔬菜。把蘿蔔雕成各種外型的烹調方式從江戶時代就有了，在《大根（蘿蔔）一式料理祕密箱》（一七八五年）一書中，還介紹了把蘿蔔雕成山茶花或牡丹花的方法。

引用自《大根一式料理祕密箱》

二月八日將竹篩高掛在屋頂上，表示驅邪

木屋的竹篩是在新潟縣的佐渡製作。佐渡號稱「竹之島」，是竹子的產地，自古以來即製作竹篩、竹刀、竹籃等產品。

昭和二十三年（一九四八），竹藝家林尚月齋（在東京國立近代美術館工藝館可見到他的「鐵腳盛器」等作品）應邀到佐渡，製作購物竹籃，造成日本全國各地掀起一陣「佐渡籃」的旋風。佐渡的竹子是真竹，質地較硬，不容易加工。然而，做出來的成品非常美，獲得極高評價。竹篩不僅是日常用具，也是驅邪的工具。在劇作家滝澤馬琴的日記，以及《東都歲時記》都提到二月初八，日文稱「事納」的習俗就是要在屋頂上高高豎起一根竹竿，前面綁著竹篩，代表驅邪。

所謂「事納」，就是新年的各項儀式活動告一段落的最後一天，這一天習慣食用加了六種蔬菜（小芋頭、牛蒡、蘿蔔、紅豆、紅蘿蔔、慈菇、烤栗子、烤豆腐）的味噌湯，又稱「御事汁」，祈求身體健康。

講到竹林，有句話叫做「留三砍四」（留下生長三年的竹子，砍伐生長四年的竹子）。雖然不適度砍伐竹子，將會造成竹林過度擁擠而滅絕，但目前竹子加工的需求減少，似乎有很多竹子並不砍掉，全留下來了。竹篩具有耐水性，很快乾燥，用起來非常方便。日常生活中，可以將一弄髒就替換的廉價竹篩，與品質高的昂貴竹篩，兩者區分使用，多用用展現日本傳統之美的用具。在廚房裡放一只自古傳說有驅邪作用的竹篩，應該會覺得內心踏實許多。

南部鐵壺

木屋總務企劃部長石田克由先生愛用長達二十二年的南部鐵壺。使用鐵壺燒水，能去除掉自來水的氯臭味，口味變得更圓潤，還能同時補充鐵質。

捲簾

木屋的捲簾用的是三重縣孟宗竹的磨竹。磨竹，就是以專用的菜刀削掉竹子表面的薄皮。使用天然素材以傳統製法製作而成，讓人能安心使用。

世界遺產建築師布魯諾．陶特（Bruno Taut）也喜愛的岩手南部鐵壺

木屋的南部鐵壺是在岩手縣奧州市水澤製作。建築師布魯諾．陶特，也是懂得欣賞岩手南部鐵壺優點的其中一人。

布魯諾．陶特是一位在柏林工業大學任教的建築師，他所設計的建築，獲得登錄為世紀遺產。一九三三年，他為了逃避納粹的迫害暫居日本三年半，其間因為想研究鐵壺走訪盛岡。

當時日本還正在摸索出口本國工藝品的路。布魯諾．陶特在盛岡的演講中提到了南部鐵壺，並盛讚其單純、潔淨、古雅，都是日本的驕傲，絕不可以因為為了配合出口就抹殺掉這些特色。況且，能讓日本人喜愛的東西，到了國外必定也會受到歡迎，這麼好的東西更應該出口。但另一方面，他也強調，並非一味推崇回歸傳統，而是在現代用品中增添日本特色的趣味，這樣的作品才值得推薦。至今，不但南部鐵壺原有的優點廣受好評，也有許多人持續愛用，或許多少也受到他這番話的影響。

鐵壺內側不可以用刷子用力刷洗。白色水垢形成的薄膜可以防止生鏽，燒出來的開水更好喝。過去有一對母女在木屋買了鐵壺，後來詢問鐵壺裡頭生鏽了該怎麼辦。聽說木屋請她們將兩只鐵壺帶回店內，由工作人員保管一陣子養出水垢薄膜後，再歸還給顧客。

布魯諾．陶特所設計的布里茲巨型聚落。從上方俯瞰，就能看到呈馬蹄形的世界遺產。Claudio Divizia / Shutterstock.com

日本是全世界最常將食物捲起來吃的國家

每年二月三日有吃海苔卷（稱為惠方卷、福卷壽司）的習俗，但其實這是近年來才形成的慣例。

在立春（二月五日前後）的前一個晚上，朝向歲德神所在的方位，默默無聲地吃完一整捲海苔卷，據說能帶來好兆頭。

不僅惠方卷，其他像是千葉的祭壽司、熊本的南關揚卷壽司、宮崎的竹筍卷壽司等，這類粗粗的卷壽司原本就是祭典、節慶，以及四季儀式上不可或缺的食物。

另一方面，在壽司之外，和歌山的腐皮卷、青森的菊卷、東北的紫蘇卷、愛知的粗卷、佐賀的鯽魚昆布卷、大分的大豆烤竹卷等，這種長卷類的食物都被視為吉祥的鄉土料理，在日本各地傳承。種類之多堪稱世界第一。

這類長卷食物不只美味和外觀華麗，食物在受力壓縮下，也能保存得較久一些，這是古人流傳下來的智慧。

包有粉紅色、黃色餡料，組合成各種圖案的太卷壽司，以「裝飾壽司」的美觀廣受歡迎。千葉的鄉土料理祭壽司，會做成「祝」、「山茶花」、「山武櫻」、「菖蒲」、「四海卷」等固定圖案。

各種握剪

過去日本有各式各樣的握剪。木屋長期保存了在昭和四十五年（一九七〇）左右復刻的握剪。至於從江戶後期到昭和三十年代使用的握剪，都是根據專業師傅小寺藤二的記憶描述，打造而成。

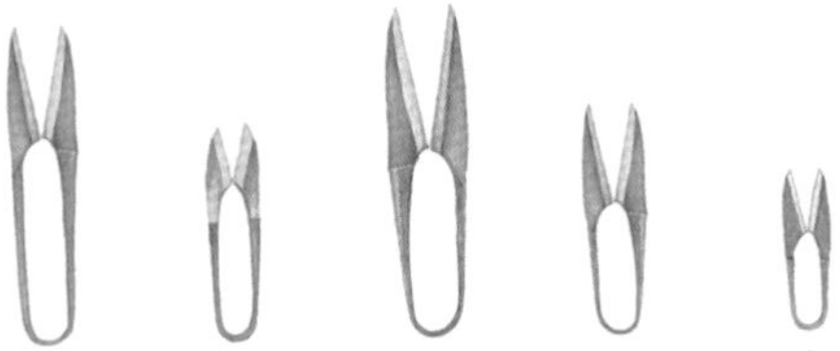

5　4　3　2　1

1 懷剪
2 緣起剪（一寸）
3 緣起剪（一寸五分）
1～3是可以放在皮夾或手提包中，用來討吉利的小握剪。
4 三味線弦剪（一寸五分）
5 東型（二寸）

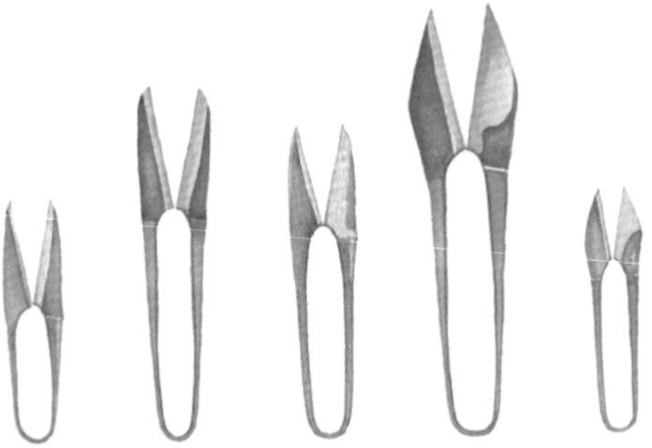

10　9　8　7　6

6 多福剪（二寸）
7 多福剪（三寸五分）
6和7附了一片鱗狀的鋼片，特別用來驅邪或節慶場合上使用。
8 縫箔（二寸五分）
9 縫箔（三寸）
8和9 是縫箔師傅使用，同時並用刺繡和摺箔的技法來呈現出圖案。
10長刃（二寸）

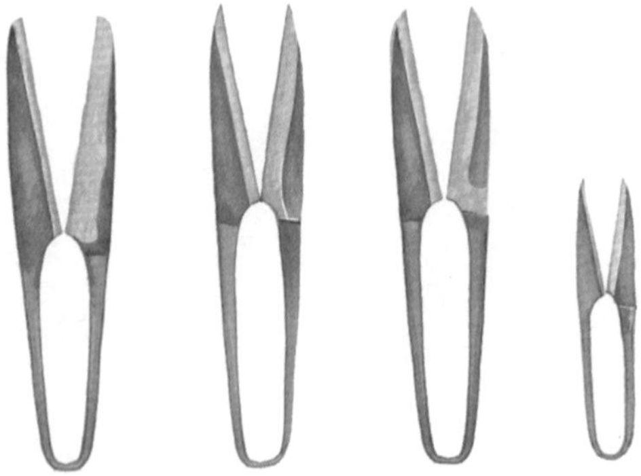

14　13　12　11

11長刃（三寸五分）
12長刃（四寸）
13掛繼（四寸）
將破掉的布料邊緣貼合，修補到看不出接縫痕跡。特別用在這類接補作業上的握剪。
14菓子剪（四寸）
日式甜點師傅專用。

19 元結剪
用來剪掉綁頭髮的繩線或是和紙製成的繩線。
20 絹剪

15 綴剪．針付
用來在紙上開個洞，用線來縫合，再剪掉多餘的線。
16 繃帶剪
17 堺型
18 裁斷用
用來裁剪布料。

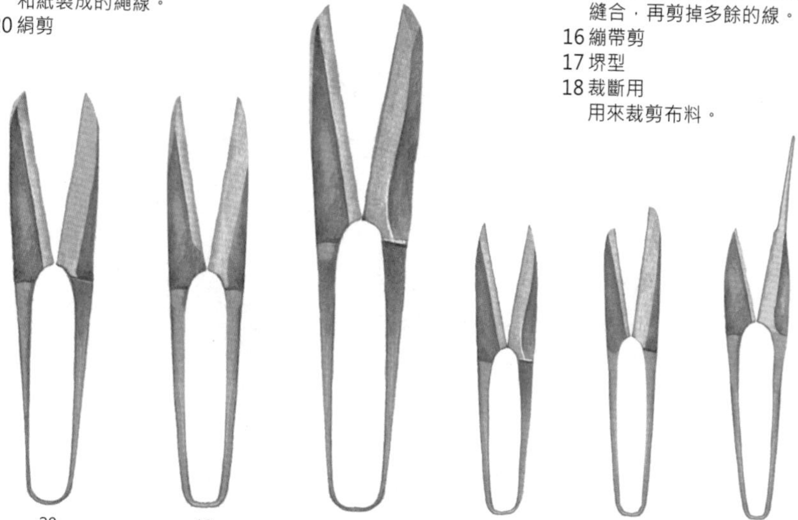

20　19　18　17　16　15

21 硬皮剪（直刃）
22 硬皮剪（曲刃）
21與22是用來剪除繭外層的硬皮。因為會抽出質地較粗的絲線，所以必須剪除。
23 吳服屋剪
24 裁斷剪
用來裁剪布料
25 矢羽根剪
剪除箭上的雉鳥羽毛。

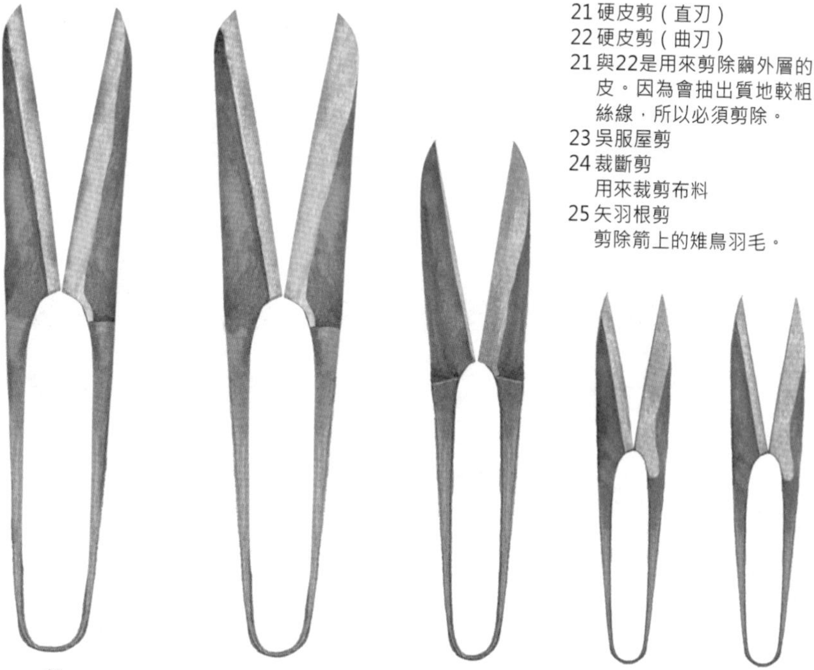

25　24　23　22　21

三月

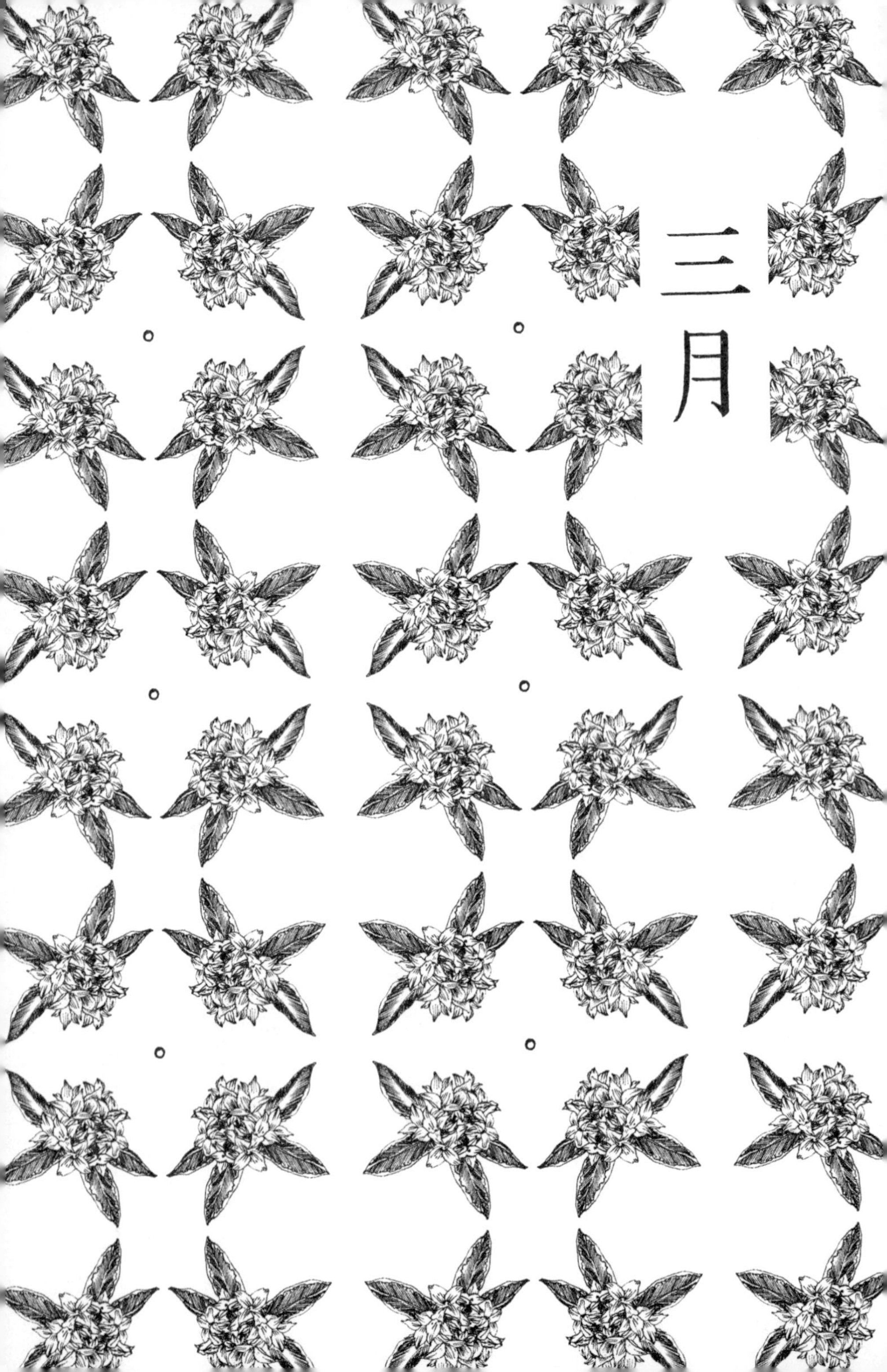

三月，大地回暖，地裡的蟲子也紛紛冒出來，這個季節在古時候就稱「啓蟄」（譯註：現在多稱「驚蟄」）。

三月三日在過去平安時代以前，會製作許多日用品、人偶及服裝來玩遊戲，同時祈求身體健康，無災無難，稱為「上巳節」，但傳承到現在則成了眾所周知的女兒節。

在晝夜長短差不多相同的春分（三月二十一日）當天之後，白日變得愈來愈長，春天終於到來。

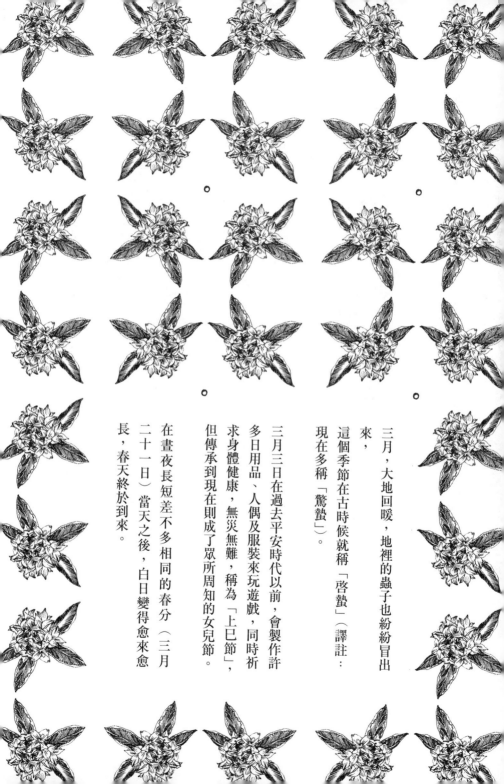

壓花模

各種造型都有，大（約四公分）、中（約三公分）、小（約二公分）不同尺寸。

食用節令食材更健康，這是日本料理的基本觀念

日本料理的基本主角就是湯品跟生魚片。湯品最重要的就是在打開碗蓋的瞬間，就能感受到季節的氣息。

在展現季節感上，經常會使用到壓花模。把紅蘿蔔、蘿蔔或柚子用壓花模切出梅花、銀杏葉的形狀，光是多了這個小步驟，放在湯碗裡就像件藝術品。無論壓花模或使用的食材，價格都不會特別昂貴，不如在家裡也試試看，能更簡單感受到四季變化的樂趣。

這類壓花模大約在一百年前的明治時期出現。木屋的壓花模，目前的製作者的父親兒時就在商家見習成為師傅，當年學到的技術和設計傳承至今。在大約五十年前轉用不銹鋼材質之前，都是以黃銅打薄製作。因此，過去這是只有專業廚師才會用的工具，但後來以不銹鋼用點焊的方式，變得容易製作，也推銷給一般家庭了。

日本料理也像十二干支、風水、舊曆這些文化，深受中國陰陽五行思想的影響。整體思想的根本，就是在生活中多食用當季出產的食物，產生良性循環，讓身體更健康，更有活力。

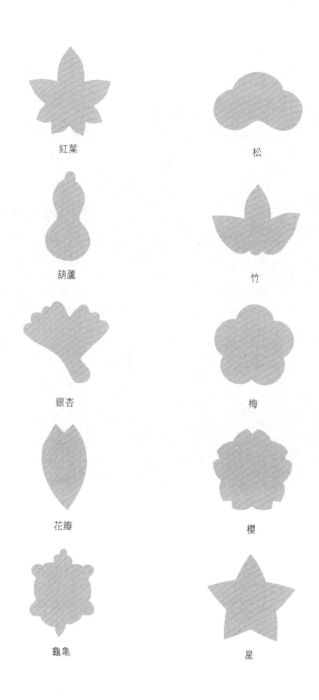

紅葉

松

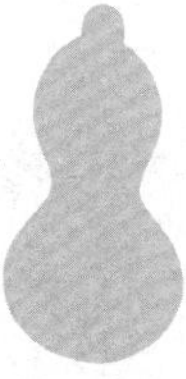

葫蘆

竹

銀杏

梅

花瓣

櫻

龜亀

星

天婦羅炸鍋

進入三月，店裡開始出現紫苑、歪頭菜、明日葉、土當歸、蕨菜、蜂斗菜苗等。連一些本來需要先去除澀味的山蔬，做成天婦羅就能輕鬆品嚐。

押壽司模型

《守貞漫稿》（一八三七年）裡刊登的押壽司模型，跟現在的幾乎一模一樣。使用的食材有滷香菇切絲、玉子燒、鯛魚生魚片、鮑魚片，極盡奢華。

三月是摘採春天嫩芽的季節，天婦羅是帶有好兆頭的料理

三月恰好是在冬季蔬菜跟夏季蔬菜兩個產季青黃不接的時期，不如享用山蔬來代替一般蔬菜。山蔬得事先處理，並不容易，但做成天婦羅就能簡單品嚐美味。

木屋的天婦羅炸鍋是用鐵鎚搥打出凹痕的銅製搥打鍋。由於銅質導熱很快，就算裹上冷麵衣的食材下鍋，也不容易導致油溫降低。

比銅更奢華的天婦羅炸鍋是用青銅材質，但價格跟一般家庭使用的鍋具可說天差地遠。青銅古時候稱為「砲金」，是銅、錫、鋅的合金，從昭和三十年代開始成為製作鍋具的材料。原先是用來製造大砲，具有良好的導熱、保溫及耐久性。另一方面，也有堅持使用南部鐵砂材質炸鍋的廚師，像是天皇御廚秋山德藏、赤坂老字號料亭花村的創始人川部幸吉都是。就像法國的哲學家、符號學家羅蘭・巴特（Roland Barthes）曾寫道，眾人之所以對天婦羅花上大筆金錢，追求的就是「最清新的油炸方式」。因此，在各路廚師鑽研炸法之下，日本也誕生了各式各樣的天婦羅炸鍋。

春季摘採嫩芽，從萬葉時代就是每年令人期待的季節活動。歌舞伎的《菅原傳授手習鑑》裡，也有為了製作祝賀七十歲長者生日的宴席，漫步在淀川河堤上摘採蒲公英跟紫苑的情境。

引用自《畫本野山草》

女兒節吃押成菱形的食物，可祈求多子多孫、長命百歲

日本人自古以來食用的保久食品，就是押壽司和箱壽司。

在節慶的場合中全國各地都有不同種類的押壽司，像是宇野千代寫過「無論怎麼稱讚都稱讚不完的」岩國壽司，小津安二郎記在手帖上的富山鱒魚壽司，吉田健一文中「提到花，就是有櫻花的地方吧」的大阪小鯛雀壽司，或是谷崎潤一郎筆下「原來這麼好吃」的吉野柿葉壽司等。似乎所有日本人在自己生長的熟悉土地上，都能想起屬於當地的押壽司。

三月三日有食用菱餅的習俗。不妨將押壽司切成菱形，在女兒節當天享用。話說回來，菱餅本來就是過去新年放在宮裡正式鏡餅的上方。菱形之所以代表尊貴，有一種說法是因為形狀代表人類最重要的心臟，此外，也有人說是菱角繁殖力強，而且據說吃了菱角果實可以長生不老，還能成仙。

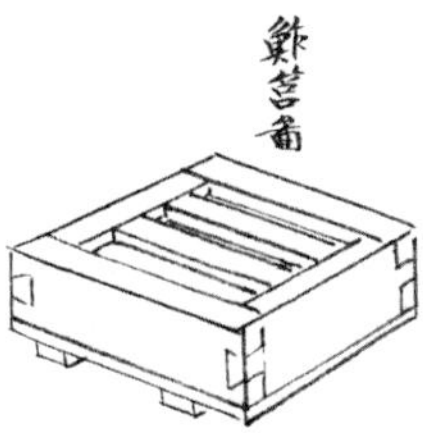

引用自《守貞漫稿》

日本自古以來就有個習俗，在每年三月三日祈求淡島神，生個健康活潑的小孩。此外，在這一天女性也會仿效淡島神出海，進行驅邪的儀式。據說這種日本自古以來的習俗，與來自中國的上巳節結合之後，就成了現在每年盛大慶祝的女兒節。

雪平鍋

木屋的鋁製雪平鍋，鍋內設計到可以用圓湯杓沿著鍋壁劃一圈。質地輕巧，導熱迅速，一只鍋子可炒可煮，非常方便。

刺身刀（生魚片刀）

使用刺身刀，就算不是專業師傅，也能切出外型很漂亮的生魚片。全世界只有日本料理會品嚐俐落的食材切口帶來的美味。

蛤蜊清湯是日本料理的原點，這也是一道祈求夫妻美滿的料理

蛤蜊湯是江戶地區婚禮中的菜色，這項習俗是八代將軍德川吉宗訂下來的，據說因為當時蛤蜊全年都捕得到，價格也便宜。

現在蛤蜊清湯則成了女兒節中一道慶祝的湯品。

因為只有一顆蛤蜊的兩片殼才能完全吻合，其他無論外型再相似，外殼也無法貼合，由此來祈求夫妻和睦、家庭美滿，或是早日覓得良伴。由於蛤蜊具有這個特性，從平安時期就流傳「配貝」的遊戲，從三百六十片蛤蜊殼中，找出成對的貝殼。

蛤蜊清湯充滿了來自蛤蜊的鮮味，不需要事先取高湯。

這道簡單的料理，才是日本料理的原點。

蛤蜊煮得老了，湯就不好喝，所以請用容易導熱的鋁質搥打雪平鍋，迅速料理。

《古事記》中也出現過蛤蜊。大己貴命遭受八十眾神欺騙，被火燒的巨石燒死時，神產巢日神派了蚶貝比賣與蛤貝比賣，在蛤蜊湯中加入母乳，塗在大己貴命的傷口上，救活他的性命。

引用自《和漢三才圖會》

根據文獻記載，日本最古老的料理就是生魚片

奈良時代後期的史書《高橋氏文》中對於料理的紀錄，據說是日本最古老的歷史。裡頭提到的就是蛤蜊鱠。

鱠，指的是將生魚剁碎後拌醋的食物，是生魚片的原型。

狂言（譯註：日本古典的滑稽戲劇表演）裡「鱸庖丁」的段子裡也出現了生魚片的前身。內容是伯父跟姪子提到，平安時代初期首次做出的「打身」，並說明淡水魚只用鯉魚，海魚只用鯛魚。「打身」，就像切得比較厚的生魚片。雖然生魚片是從江戶時期之後才普遍食用，但由此可知，在此之前已經有人吃鯛魚生魚片。

目前最多人使用的刺身刀，是前端尖銳的關西型，因為外型也有人稱為「正夫」、「柳刃刀」。至於江戶風的刀型，前端則呈方形，稱為「蛸引」，刀刃比關西型來得薄。到江戶前壽司店，偶爾能看到至今仍使用「蛸引」的師傅。

用右手持菜刀時，右側是正面，左側是背面。將一整塊魚從右側片起，也就是用菜刀右側正面切開，這是陽向的生魚片。而白肉魚從左側削出薄片，則是用菜刀的背面切，就成了陰向的生魚片。陽向的生魚片以方盤來裝盤，陰向的生魚片則使用圓盤盛裝。

引用自《守貞漫稿》

各種鍋具

鍋子，有自古以來的傳統鍋具，也有來自外國新引進日本的鍋子，形形色色，十分有趣。壓力鍋、塔吉鍋、Staub、Le Creuset、矽膠蒸鍋等，新的鍋具一波一波造成流行。平行鍋原先也是指以陶土材質，且具有上蓋、鍋嘴、把手的鍋子款式，但在西洋鍋具引進之後，鋁製或不銹鋼材質且有鍋嘴的片手（單手）鍋就稱為「雪平鍋」。順帶一提，淺型的雪平鍋是木屋原創的鍋款。當初有顧客提出來，要是有類似淺型醬汁平底鍋的雪平鍋，用起來會很方便，因此才開發製作。

雪平鍋

在短時間烹調時很方便。

淺型雪平鍋

便於燒魚、製作醬汁。

平底醬汁鍋

除了做醬汁之外，也可以煎肉、炒青菜。

平底燉鍋

用來做燉菜、或者需要長時間熬的醬汁，也可以煎肉。

外輪鍋

做紅燒菜要收乾醬汁時很方便。

寸胴鍋

最適合用來下義大利麵或煮全雞。

鋏鍋

不占空間，日常保養也很簡單。

段付（多層）鍋

不用擔心食材沸騰溢出，最適合用來做紅燒菜。也可以放上蒸籠。

生活文化47

日本橋 木屋：二十四節氣料理道具生活帖

監　修─木　屋
譯　者─葉韋利
編　輯─謝翠鈺
美術設計─李宜芝
製作總監─蘇清霖
董事長
總經理─趙政岷
出版者─時報文化出版企業股份有限公司
10803 台北市和平西路三段二四〇號七樓
發行專線─（〇二）二三〇六六八四二
讀者服務專線─〇八〇〇二三一七〇五
（〇二）二三〇四七一〇三
讀者服務傳真─（〇二）二三〇四六八五八
郵撥─一九三四四七二四時報文化出版公司
信箱─台北郵政七九～九九信箱
時報悅讀網─http://www.readingtimes.com.tw
法律顧問─理律法律事務所 陳長文律師、李念祖律師
印刷─和楹彩色印刷有限公司
初版一刷─二〇一七年五月十九日
定價─新台幣三二〇元
行政院新聞局局版北市業字第八〇號
（缺頁或破損的書，請寄回更換）

時報文化出版公司成立於一九七五年，
並於一九九九年股票上櫃公開發行，於二〇〇八年脫離中時集團非屬旺中，
以「尊重智慧與創意的文化事業」為信念。

國家圖書館出版品預行編目（CIP）資料

日本橋 木屋：二十四節氣料理道具生活帖 / 木屋監製；
葉韋利譯. -- 初版. -- 臺北市：時報文化，2017.05
面；　公分. --（生活文化；47）
譯自：日本橋木屋：ごはんと暮らしの道具
ISBN 978-957-13-6958-7(平裝)

1. 飲食風俗　2. 食物容器　3. 日本

538.7831　　106003881

ISBN 978-957-13-6958-7
Printed in Taiwan